MAURIZIO BETTINI

# Wurzeln

Die trügerischen Mythen der Identität

Aus dem Italienischen
von Rita Seuß

Verlag Antje Kunstmann

C'est vrai qu'ils sont plaisants tous ces petits villages.
Tous ces bourgs, ces hameaux, ces lieux-dits, ces cités
Avec leurs châteaux forts, leurs églises, leurs plages.
Ils n'ont qu'un seul point faible et c'est être habités.

> GEORGES BRASSENS, *La ballade des gens
> qui sont nés quelque part*

Es stimmt, sie sind hübsch, alle diese Dörfchen.
All diese Marktflecken, Weiler, Gemeinden und Städte
Mit ihren Burgen, ihren Kirchen, ihren Stränden.
Sie haben nur einen Schwachpunkt: sie sind bewohnt.

> GEORGES BRASSENS, *Ballade von den Leuten,
> die irgendwo geboren sind*

# Inhalt

Prolog: Die Rückkehr der Tradition ... 9

Teil I: Gegen die Wurzeln ... 15
  1 Wurzeln und Identität ... 17
  2 Wie man mit Metaphern Autorität konstruiert ... 26
  3 Autorität, die »von oben kommt« ... 33
  4 Die horizontale Tradition ... 39
  5 Tradition wird vermittelt ... 45
  6 Rekonstruktion von Erinnerung ... 51
  7 Wie Traditionen entstehen:
     das mythologische Paradigma ... 55
  8 Die tragischen Paradoxien der Tradition ... 63
  9 Traditionen wählen ... 68
  10 Erinnern, um zu vergessen: der Tourismus ... 73

Teil II: Neue Fragen zu den Wurzeln ... 77
  11 Heimat: Kebab und Kichererbsenfladen ... 79
  12 Anthropologie und Nostalgie ... 81
  13 Kulturelle Wurzeln ... 90
  14 Ursprung und Reinheit ... 96

| | |
|---|---|
| 15 Museale Wurzeln | 100 |
| 16 Hellenische Wurzeln | 105 |
| 17 Kulinarische Wurzeln | 114 |
| 18 Kulturelle Wurzeln und ihre variable Morphologie | 126 |
| 19 Die christlichen Wurzeln des Abendlandes | 132 |

Anhang

| | |
|---|---|
| Die christlichen Wurzeln im Statut der Region Venetien | 137 |
| Anmerkungen | 140 |

# Prolog
# Die Rückkehr der Tradition

Seit einigen Jahrzehnten erleben wir überall in Europa eine Wiederbelebung der Tradition. Aber auch in vielen außereuropäischen Ländern gewinnt die Tradition als Gegengewicht zu einer befürchteten Verwestlichung eine – oft dezidiert politisch und ideologisch geprägte – neue Wertschätzung.

Es scheint, als habe der wirtschaftliche, technologische und soziale Fortschritt eine Hinwendung zur Vergangenheit und ein neues Interesse an Traditionen allgemein mit sich gebracht. Freilich wäre es viel zu einfach, darin eine pauschale Absage an die Kultur der Moderne zu sehen. Das Gegenteil ist der Fall. Zumindest die Europäer scheinen die Annehmlichkeiten der neuen Technologien und die größere Freizügigkeit voll und ganz zu genießen. Wie viele Italiener oder Deutsche, die heute ihre Traditionen, ihre lokalen Dialekte und alten Rezepte, die christliche Kultur und so weiter hochhalten, würden diesen Werten zuliebe darauf verzichten, am Samstagabend in einen Klub zu gehen, um dort Drogen und Alkohol zu konsumieren, die ihren Eltern und Großeltern völlig unbekannt waren; zu tanzen, wie es sich ihre Vorfahren niemals hätten träumen lassen; und im Morgengrauen mit Verkehrsmitteln und in einem Zustand nach Hause zurückzukehren, die mit Tradition wenig zu tun haben? Die Vermutung liegt nahe, dass dieses neu erwachte Interesse an der Tradition tiefere Ursachen hat und für mehr steht als nur für die Ablehnung des sozialen und kulturellen Wandels. Tatsächlich deutet vieles darauf hin, dass es sich um eine Reaktion nicht auf die Moderne allgemein handelt, sondern auf einen bestimmten Aspekt unserer Epoche: die zunehmende Homogenisierung von Ländern und Kulturen.

Schon der oberflächliche Blick des Touristen erkennt, dass die Unterschiede zwischen Italien, Spanien, Frankreich und anderen europäischen Ländern, aber auch den Vereinigten Staaten heute sehr viel weniger ausgeprägt sind als noch vor fünfzig oder hundert Jahren. Ähnliches gilt für die Unterschiede zwischen westlichen und nichtwestlichen Staaten. Vielleicht liegt hier der Grund für die neue Wertschätzung von Vergangenheit und Tradition: Sie bilden in vielen Fällen das letzte Bollwerk der Differenz. Wenn man in Paris und in Rom auf Flughäfen landet, die sich in nichts voneinander unterscheiden, wenn auf den Straßen überall die gleichen Autos fahren und auf dem Gehsteig überall dieselben Handyklingeltöne zu hören sind – wo liegt dann noch der Unterschied zwischen diesen beiden Städten? Oder anders gefragt: Wo liegt der Unterschied zwischen *uns* und *ihnen*? Die Antwort lautet: In der Vergangenheit. Es ist die Kathedrale Notre-Dame, die uns die identitätsstiftende Differenz vermittelt, es ist der Fluss Po, es sind die unzähligen mythologisch verbrämten Orte eines Landes,[1] die religiösen Bräuche, die Sprache oder der Dialekt unserer Väter und Mütter, Großmutters Rezepte. Die Vergangenheit rekonfiguriert sich quasi als Ort einer Gruppenidentität, und das ist durchaus nicht unproblematisch, wie wir gleich sehen werden. Auf der einen Seite also sind wir zunehmend mit der Anpassung an die Gegenwart beschäftigt, wie sie uns von Handys, Kleidung und Musik, Unterhaltungsindustrie und technologischem Fortschritt vorgegeben wird. Auf der anderen Seite möchten wir gern anders sein und richten daher unseren Blick auf eine Vergangenheit, die sich in den unterschiedlichsten Orten und Traditionen manifestiert. Wir leben in einer (realen) Welt der zunehmenden Homogenisierung und schaffen uns eine (imaginäre) Welt der Differenz.

Diesem Rückgriff auf die kulturelle Vergangenheit liegt jedoch ein zweiter Impuls zugrunde, den man als Ergänzung und Kehrseite des ersten verstehen kann: Die Hinwendung zur Tradition hat ihren Grund nicht nur in der wachsenden Homogenisierung, sondern auch im *An-*

*derssein der anderen*. Ich meine die zunehmende Präsenz von Migranten in Italien und in Europa allgemein. Wir vermögen in diesen Menschen kaum etwas anderes zu sehen als fremde Identitäten, die tief in ihrer eigenen Tradition verwurzelt sind. Natürlich stimmt das nicht in diesem Ausmaß, und es gilt keineswegs für alle. Die Sache ist viel komplizierter. Doch allein die Tatsache, dass diese Menschen eine andere Hautfarbe haben, eine andere Sprache (oder unsere Sprache mit einem ungewöhnlichen Akzent) sprechen und eine andere Religion praktizieren, beschwört sofort das Bild anderer »Sitten und Gebräuche«, von denen ihr Leben geprägt zu sein scheint. Selbst wenn ein Afrikaner ein Universitätsstudium absolviert hat (in seinem eigenen Land oder in Frankreich), selbst wenn er mehrere Sprachen spricht und Europa weitaus besser kennt als die meisten Bewohner der Toskana oder der Lombardei:[2] Seine Hautfarbe, sein Akzent, seine soziale Stellung als Einwanderer, der auf der Straße T-Shirts verkauft, drücken ihm den Stempel einer Stammesidentität auf, einer islamisch oder von anderen, fernen Traditionen bestimmten Identität. Die *Differenz* ruft fast automatisch die Vorstellung einer (anderen) *Tradition* auf den Plan. Alterität, und sei sie noch so oberflächlich oder vermeintlich, drängt – auch wenn sie nicht ausdrücklich verurteilt oder verspottet wird – immer zum Nachdenken über die eigenen kulturellen Fundamente.

Und die Reaktion ist: Nicht nur die anderen, auch *wir* haben eine Tradition und eine Identität, die es zu verteidigen gilt.

Aus all diesen Gründen lohnt es sich, darüber nachzudenken, was es mit dieser komplexen und häufig widersprüchlichen Rückkehr zur Tradition auf sich hat, die wir heute in vielen Bereichen des Alltagslebens beobachten. Besonders deutlich lässt sich dieses Phänomen an Schlagworten wie Identität, Erinnerung und vor allem Wurzeln verfolgen, die häufig mit der Tradition verknüpft werden.

# Teil I

## GEGEN DIE WURZELN

# 1

## Wurzeln und Identität

Tradition und Identität werden in unserer heutigen kulturellen Debatte so oft miteinander verknüpft, dass man meinen könnte, die kollektive Identität – die Identität einer bestimmten Gruppe – liege unmittelbar und ausschließlich in der Tradition begründet. Tatsächlich herrscht die weitverbreitete Vorstellung, Identität basiere auf Tradition. Man denke nur an die vehemente Ablehnung insbesondere der muslimischen Einwanderung und die Beschwörung eines angeblich drohenden kulturellen Wandels. Wenn maßgebliche Stimmen aus Kultur und Politik vor einer islamischen Bedrohung warnen, einen Einwanderungsstopp für Menschen aus muslimischen Ländern fordern und für eine Einwanderung von Menschen aus christlichen Ländern plädieren, so ist das einerseits ein Zugeständnis an Ängste, die durch gewalttätige Formen des zeitgenössischen Islam in der Öffentlichkeit geweckt werden; andererseits ist es ein Appell, die eigenen, christlich geprägten Traditionen zu bewahren und zu schützen. Ein Anwachsen islamischer Gemeinschaften, so die Befürchtung, gefährde automatisch unsere Identität als Deutsche und als Italiener, als Europäer und als Bürger westlicher Staaten. Diese Abwehrhaltung manifestiert sich neuerdings sogar in Straßenschildern. Am Eingang der kleinen norditalienischen Gemeinde Pontoglio, zwanzig Kilometer von Brescia entfernt, wurde unter dem Ortsnamen und dessen Dialektbezeichnung Pontoi ein Schild angebracht mit der Aufschrift: »Dies ist ein Ort der abendländischen Kultur und der tief verwurzelten christlichen Tradition. Wer nicht bereit ist, diese Kultur und die lokalen Traditionen zu respektieren, wird aufgefordert, unsere Stadt zu verlassen.«[1] Die Urheber dieses Textes gehen offenbar ganz selbstverständlich davon aus, dass Identität ein Produkt von Traditionen ist. Sie schreiben der Vergangenheit – oder vielmehr bestimmten aus der Vergangenheit überkommenen Formen der Kultur und des Denkens – die Macht zu, uns zu sagen, »wer wir heute sind«.

Und in gewisser Hinsicht ist das nicht einmal falsch. Es ist offenkundig, dass die Tradition, in die wir uns einfügen – die Sprache, die wir als Kinder lernen, die uns von unseren Eltern übermittelten Ernährungsgewohnheiten, unsere Denkweisen, unsere Reaktionen, ja sogar unsere Gestik –, für unsere Persönlichkeitsbildung eine maßgebliche Rolle spielt. Und weil bestimmte Gepflogenheiten von vielen Menschen geteilt werden, tragen sie auch dazu bei, die kollektive Identität der Gruppe zu festigen, zu der diese Menschen gehören, und ein Gefühl der Zugehörigkeit zu schaffen, auch wenn dieses Zugehörigkeitsgefühl nicht bei allen gleich stark ausgeprägt ist. Auch wird niemand bestreiten, dass unser kulturelles Wissen Denk- und Sichtweisen einschließt, die wir aus der Vergangenheit ererbt haben: in Form von Institutionen, Vorstellungen und Begriffen, ganz zu schweigen von den großen Werken der Literatur (von Vergils *Aeneis* bis zu Dantes *Göttlicher Komödie*), deren Lektüre uns mit früheren Generationen verbindet.[2]

Dies bedeutet allerdings keineswegs, dass wir nur die Wahl hätten, entweder dazuzugehören oder ausgeschlossen zu bleiben; entweder passive Träger einer traditionellen Identität zu sein oder Individuen, die jede Verbundenheit mit der Gemeinschaft leugnen, deren Sprache und Kultur sie teilen. Wie Tzvetan Todorov schrieb, gilt es, »die fruchtlose Gegenüberstellung zweier Konzeptionen zu überwinden: hier das abstrakte, frei schwebende Individuum, das außerhalb der Kultur existiert, dort das in seiner kulturellen Gemeinschaft gefangene Individuum«.[3] Wenn es ein Charakteristikum der Kultur gibt, dann ist es doch gerade ihre Fähigkeit, sich zu verändern und sich im Laufe der Zeit zu wandeln. Der menschlichen Spezies anzugehören bedeutet zuallererst, dass man die Fähigkeit und Möglichkeit zur Veränderung besitzt.

Um sich davon zu überzeugen, braucht man nur einen Blick auf das zu werfen, was wir »Geschichte« nennen. Gehen wir für einen Moment davon aus, dass unsere moderne Demokratie ein Erbe Athens ist, wie ja immer wieder behauptet wird. Wir werden später genauer darauf zurückkommen; jetzt wollen wir uns lediglich fragen: Sind wir wirklich dieselben Menschen, haben wir wirklich dieselbe Kultur wie diejenigen, die an der *Ekklesía* teilnahmen, der Volksversammlung in den Städten des antiken Griechenlands? Doch sicherlich nicht, denn sonst wäre die Ausübung der Demokratie heute noch auf die männlichen Erwachsenen beschränkt, auf die Söhne von Eltern, die Vollbürger einer Stadt sind. Frauen, Metöken (Fremde ohne Bürgerrecht) und Sklaven waren ausgeschlossen. Und das Sklavendasein, wie Aristoteles es beschrieb,[4] würden wir heute schwerlich als etwas Naturgegebenes betrachten. Obwohl also die kulturellen Unterschiede zur Vergangenheit gewaltig sind, wird heute immer nachdrücklicher behauptet, dass nur das, was wir (angeblich) waren, uns Auskunft darüber geben kann, wer wir heute sind. Als besäße die Tradition die Macht, die Konturen unserer kollektiven Identität in Stein zu meißeln.

Ein gutes Beispiel für diese Sichtweise ist eine Rede von Marcello Pera, damals Präsident des italienischen Senats für die Partei Forza Italia, beim Freundschaftstreffen der katholischen Bewegung Comunione e Liberazione. Hier eine zentrale Passage:[5]

> Unser moralisches Fundament sind unsere Traditionen […] Unsere Geschichte, die Geschichte Europas und des Westens, ist jüdisch-christliche und griechisch-römische Geschichte. Wir kommen von drei Bergen: dem Sinai, Golgatha und der Akropolis. Und wir haben drei Hauptstädte: Jerusalem, Athen und Rom. Das ist unsere Tradition. Hier sind unsere Werte entstanden. Ohne die mosaischen Gesetze, ohne das Opfer Christi hätten wir nicht das moralische Empfinden, das uns alle – Gläubige wie Nichtgläubige – zu Brüdern in Gleichheit und Mitgefühl macht. Ohne die philosophische Vernunft der Griechen und ohne das Völkerrecht der Römer hätten wir nicht die Denkweisen, von denen unsere öffentlichen Institutionen getragen sind. Ich weiß, dass wir einen weiten Weg zurückgelegt haben, seit wir von diesen Bergen herabstiegen sind und diese Hauptstädte verlassen haben, auch dank anderer bereichernder Einflüsse. Aber von hier sind wir ausgegangen, genährt von dem, was wir hier gelernt haben, und überzeugt, dass die Richtung des Weges hier vorgezeichnet ist. Wer diese Ursprünge leugnet, verrät seine Geschichte und verliert seine Identität. Und das dürfen wir nicht zulassen.

Peras Position ist unmissverständlich: Die Identität hat ihren Ursprung in den (jüdisch-christlichen und griechisch-römischen) *Traditionen* und lässt sich an bestimmten mythologisierten *Orten* festmachen: Monumenten des kulturellen Gedächtnisses wie dem Sinai, der Akropolis und Golgatha. Oder auch Jerusalem, Athen und Rom.

Der Kausalzusammenhang, der hier zwischen Tradition und Identität hergestellt wird – Identität als das *Ergebnis* von Tradition –, leitet sich unmittelbar aus jenen Metaphern ab, die heute auch in der Alltagssprache für diesen Sachverhalt verwendet werden. Wenn es um die kulturelle Tradition einer Gruppe oder eines Landes geht, taucht besonders häufig das Bild der *Wurzeln* auf. Das sind unsere Wurzeln, sagt man. Das sind somit »wir«. Viele werden sich noch an die lange und manchmal erbittert geführte Diskussion darüber erinnern, ob man in die Präambel der europäischen Verfassung einen Satz über die christlichen (oder jüdisch-christlichen oder antik-christlichen) Wurzeln Europas einfügen sollte. Das Bild des Baumes und seiner Wurzeln sollte unterstreichen, wie eng nach Ansicht der Verfechter dieser These die europäische Kultur mit dem Christentum verflochten ist.[6] Die Metapher der Wurzeln taucht in einer weiteren Rede des Politikers und Philosophen Marcello Pera auf, dem dieses Thema seinerzeit ein besonderes Anliegen war. Erneut geht es um die Beziehung zwischen Identität und Tradition, diesmal explizit in das Bild der Wurzeln gefasst:[7]

> Es stimmt, wir stammen auch von anderen Städten ab. Von Dantes Florenz, Galileos Pisa, Newtons Cambridge, Kants Königsberg, Spinozas Amsterdam, Rousseaus Genf, Freuds Wien und von vielen anderen Orten, aus denen unsere großen Väter hervorgegangen sind. Die Geschichte hat uns vermischt, aber diese Mischungen wurden auf ein und denselben *Stamm* mit ein und denselben *Wurzeln* aufgepfropft. *Die Pfröpflinge haben den Baum bereichert, aber es sind die Wurzeln und der Stamm, die den Ästen und Blättern des Baumes Nahrung gaben.* Wenn wir definieren wollen, wer wir heute sind, und verstehen wollen, warum wir so sind und nicht anders, müssen wir sagen, dass wir Kinder oder ferne Abkömmlinge Jerusalems, Athens und Roms sind. Es spielt also keine Rolle, dass wir uns vermischt haben. Entscheidend ist unsere gemeinsame Genealogie. Und noch entscheidender ist, dass wir uns dessen bewusst sind.

Die Metapher des Baumes und seiner Wurzeln taucht, gleichfalls im Kontext der Identität, auch im Bildungsmanifest der Privatschule Bosina auf, einer von der Lega

Nord inspirierten Einrichtung, die 1998 in der Provinz Varese gegründet wurde. Darin heißt es:

> Menschen sind wie *Bäume*. Wenn sie keine *Wurzeln* haben, sind sie wie Blätter im Wind. Und die Kinder sind *Samen*, die Nahrung aus der Erde benötigen, in der sie leben, um hundertjährige Eichen zu werden, die den Stürmen des Lebens trotzen, weil sie fest im Boden verankert sind.[8]

Zu den Publikationen, die den Begriff der »Wurzeln« schon im Titel führen, zählen die von Roberto de Mattei herausgegebene Monatszeitschrift *Radici cristiane*, der Band *Le radici classiche dell'Europa* von Vittorio Mathieu und die vor ein paar Jahren in der katholischen Tageszeitung *Avvenire* veröffentlichte Homilie des Patriarchen von Konstantinopel, Bartholomäus I., mit dem Titel *Le radici classiche e cristiane dell'Europa*.[9] Man könnte die Liste beliebig fortsetzen. Wie man sieht, spielen die Wurzeln in der zeitgenössischen Identitätsmetaphorik eine zentrale Rolle. Das Bild der Wurzeln wird aber natürlich auch in einem neutraleren, weniger emphatischen Sinn verwendet und hat, wie gesagt, sogar in die Alltagssprache Eingang gefunden. Doch Metaphern sind nichts Neutrales, sie besitzen für unsere Wahrnehmung der Realität eine prägende Kraft. Sie sind nicht nur Ornament, sondern ein wirkmächtiges Erkenntnisinstrument.[10] Das gilt auch für die Wurzelmetapher, die jedem Diskurs über Identität und Tradition eine starke suggestive Kraft verleiht, und zwar aus einem einfachen Grund: In einem so abstrakten Bereich wie der Philosophie und Anthropologie und ihrer Begriffsbildung besitzt das Bild von den Wurzeln den Vorzug unmittelbarer Anschaulichkeit und kann daher eine komplizierte Argumentation ersetzen. Das möchte ich anhand der antiken Rhetorik erläutern.

# 2

# Wie man mit Metaphern Autorität konstruiert

In *Über den Redner* schrieb Cicero:

> Jede Übertragung [Metapher] [...] spricht die Sinne selbst an, am meisten die Augen, den schärfsten Sinn [...] Die Ausdrücke, welche den Gesichtssinn anregen, sind viel lebhafter; sie stellen fast vor unser geistiges Auge, was wir nicht wahrnehmen und sehen können.[1]

Kein Mensch hat jemals die eigene Tradition gesehen, geschweige denn die eigene Identität. Wurzeln dagegen hat in seinem Leben jeder schon einmal gesehen. In einer Debatte über die Tradition hätte selbst der eingefleischteste Traditionalist Schwierigkeiten, zu sagen, was genau er mit der »wahren« Tradition der Gruppe eigentlich meint und worin diese abstrakte Tradition für ihn konkret verkörpert ist. Dasselbe gilt für das, was wir als Identität bezeichnen. Und deshalb wird die ganze Problematik gern auf die metaphorische Ebene verlagert, indem man den Zuhörern nur das Bild der Wurzeln vor Augen führt. Wie Cicero sagt, stellt diese Übertragung oder Metapher »vor unser geistiges Auge, was wir nicht wahrnehmen und sehen können«.

Woher aber kommt diese Schwierigkeit, die eigene Tradition exakt zu bestimmen? Aus der Antike ist uns dazu eine emblematische Geschichte überliefert. Die Athener hatten eine Gesandtschaft nach Delphi geschickt, um dem Orakel eine Frage zu stellen, die uns auch heute noch aktuell erscheint. Sie wollten von Apollo wissen, welche sakralen Zeremonien (*religiones*) sie bewahren sollten und welche nicht. Der Orakelspruch lautete: *eas quae essent in more maiorum*, »diejenigen, welche bei den Vorfahren Brauch gewesen sind«.[2] Das Orakel rät also: »Haltet euch an eure Tradition.« Das ist die Bedeutung von *mos maiorum* in der römischen Kultur. Die Athener kehrten nach Hause zurück. Als sie jedoch über die Antwort des Orakels nachdachten, beschlossen sie, den Gott noch einmal zu befragen. »Als sie nun abermals dorthin kamen und sagten, der Brauch der Vorfahren habe sich oft geändert, und als sie dann fragten, welchen Brauch sie denn aus dieser bunten Fülle besonders befolgen sollten, da gab er zur Antwort: den besten.«[3]

Eine tautologische Antwort, die jedoch eine tiefe Weisheit offenbart. Einfältig war allenfalls die Frage. Denn wie kann man nach dem wahren Brauch der Vorfahren, nach der wahren Tradition fragen? Niemand ist imstande, die wahre Tradition, den wahren Brauch der Vorfahren zu benennen, und zwar aus einem einfachen Grund, den die Athener natürlich kannten: »Der Brauch der Vorfahren hatte sich im Laufe der Zeit oft geändert.« Deshalb konnte das Orakel auch nur an das Urteilsvermögen der Fragenden appellieren. Sie sollten mit ihrem gesunden Menschenverstand selbst entscheiden, welches »die beste« Tradition ist, und sich daran halten. Wäre das Orakel weniger weise, dafür aber rhetorisch beschlagener gewesen, hätte es den Athenern geantwortet: »Haltet euch an eure Wurzeln.«

Aber warum hat die Rede von den »Wurzeln« eine so starke suggestive Kraft? Die Metapher ist sehr alt. Sie wurde schon von den Griechen und Römern benutzt – nicht nur, um den Ursprung oder die konstitutiven Elemente einer Sache zu bezeichnen,[4] sondern insbesondere auch die geografische Zugehörigkeit und die Zugehörigkeit zu einer Gruppe. So nennt der griechische Dichter Pindar die Stadt Kyrene (im heutigen Libyen) »die Wurzel von Städten«, weil zahlreiche weitere Kolonien aus ihr hervorgegangen sind. Und Cicero schreibt über Gaius Marius, er sei »aus denselben Wurzeln hervorgegangen wie wir«: aus Arpinum, Ciceros Geburtsort.[5] Aber lassen wir die Altehrwürdigkeit dieses Bildes (man könnte sagen, es ist in unserer Kultur »fest verwurzelt«) beiseite und kehren zur antiken Rhetorik zurück, um die besondere Wirkmächtigkeit von »Wurzeln« zu verstehen.

Wie der Rhetor Tryphon darlegte,[6] gebührt von den vier Arten von Metaphern derjenigen ein herausragender Platz, die *apó empsúchon epí ápsucha* (»vom Belebten zum Unbelebten«) verläuft und Attribute des Lebendigen auf Dinge oder Vorstellungen überträgt, die absolut nichts Lebendiges an sich haben. Wenn man also so abstrakte Begriffe wie »Tradition« mit dem Bild der »Wurzeln« beschreibt, vollzieht man genau diese Bewegung: Man geht »vom Belebten zum Unbelebten« und verlebendigt etwas, das eigentlich gar nicht lebendig ist. Auf diese Weise wird die Tradition sozusagen in die natürliche Ordnung eingegliedert, und das Gewicht dieser Ordnung verleiht dem Begriff automatisch seine Legitimation. Denn wer könnte es wagen, der Natur zu widersprechen? Wurzeln liegen tief in der Erde, dem Ort, aus dem alles hervorgeht und zu dem alles zurückkehrt. Die Wurzeln geben dem Baum Halt und Stütze, vor allem aber leiten sie die lebenswichtigen Nährstoffe an Stamm, Äste und Blätter weiter. Mit dem Bild der Wurzeln und damit des Baumes[7] wird also auch die Tradition zu etwas biologisch Ursprünglichem, das in der Erde verwurzelt ist: zu etwas, das stützt und nährt. Und wen? Uns natürlich, unsere Identität. Die determinierende Verknüpfung von Tradition und Identität gewinnt auf diese Weise eine Kraft, die unmittelbar aus der organischen Natur stammt. Wenn ein Baum genau dieser Baum ist, weil er sich aus genau diesen Wurzeln entwickelt hat, dann sind *wir* deshalb *wir*, weil wir uns aus den Wurzeln unserer kulturellen Tradition entwickelt haben. In gewisser Hinsicht ist es, als gebe es für dieses *Wir* gar keine andere Möglichkeit. Lässt man sich von dieser Metapher leiten, gelangt man unweigerlich zu dem Schluss, dass unsere Identität von unseren Wurzeln determiniert ist, von der Tradition, zu der wir gehören.

Diese Metapher besitzt aber nicht nur die Kraft des Lebendigen, sie besticht auch deshalb, weil die Wurzeln eine bestimmte Position innehaben: eine Position, die erst im Vergleich mit den anderen Teilen des Baumes Bedeutung gewinnt. Anders als Stamm, Äste und Blätter liegen die Wurzeln unten, an der *Basis*. Und damit wird das metaphorische Paradigma des Baumes unmerklich, aber nicht weniger zwingend mit dem semantischen Feld dessen verknüpft, was *grundlegend* ist. Dieses Adjektiv wird bei der Definition oder Bestimmung eines Phänomens häufig für das verwendet, was bedeutsamer und charakteristischer erscheint als anderes.[8] Wenn man einer Sache etwas zugrunde legt, es als Basis für etwas anderes nimmt, so entsteht zwischen beiden sofort eine hierarchische Beziehung: Das eine gewinnt den Rang des Bedeutsameren. Es ist die Vorbedingung, das Primäre, auf das sich das andere stützt.[9] Folglich sind die Wurzeln als Basis des Baumes nicht nur stark und lebendig, sondern auch *grundlegend*. Mit der metaphorischen Verknüpfung von Wurzeln und Tradition wird also die Tradition nicht nur zu etwas biologisch Notwendigem, sondern auch zum *Fundament* der Erfahrung und Identität eines Menschen. Wer sagt, wir hätten christliche Wurzeln, meint unausgesprochen, dass das Christentum *das natürliche und notwendige Fundament* unserer Kultur ist.

Überflüssig zu sagen, dass die Baummetapher darauf abzielt, ein Dispositiv der Autorität zu konstruieren, das seine Kraft aus so starken semantischen Kernen wie Leben, Natur, biologische Notwendigkeit oder hierarchische Ordnung bezieht. Wenn man bestimmte Epochen der Kulturgeschichte auf Kosten anderer auswählt – Jerusalem und Athen, aber beispielsweise nicht das Paris der Aufklärung – und im Bild der Wurzeln darstellt, schreibt man ihnen eine Autorität zu, die aus der Natur, der biologischen Notwendigkeit, dem hierarchisch bestimmenden Fundament stammt.[10] Ist dieses Dispositiv der Autorität erst einmal etabliert, gibt es nur eine Konsequenz: Die mit der Wurzelmetapher beschworene kulturelle Identität wird auf die ganze Gruppe ausgedehnt, ohne Rücksicht auf den Willen der Einzelnen. Denn kann etwa ein Ast beschließen, dass er nicht zu dem Baum gehören will, dessen Wurzeln er doch teilt, oder sogar, dass er gar kein Ast sein möchte? Ist man erst einmal in einer bestimmten Tradition »verwurzelt«, wird es unmöglich, die eigene kulturelle Identität selbst zu bestimmen. Man kann sich nur noch in dem wiedererkennen, was andere für einen konstruiert haben. Und dennoch: Wenn Voltaire schreiben konnte, dass »alle Menschen mit dem natürlichen Recht geboren sind, ihr Vaterland selbst zu wählen«, wird man umso mehr sagen können, dass alle Menschen mit dem natürlichen Recht geboren sind, ihre Kultur selbst zu wählen.[11] Wenn man allerdings im Einflussbereich der Privatschule Bosina lebt, deren Programm zufolge »die Kinder Samen sind, die Nahrung aus der Erde benötigen, in der sie leben, um hundertjährige Eichen zu werden«, wird es schwer sein, sich nicht mit der »padanischen Kultur« zu identifizieren, in die diese Samen/Kinder gepflanzt werden.

# 3

## Autorität, die »von oben kommt«

Doch was ist, wenn an die Stelle der Wurzeln der Gipfel tritt? Tatsächlich wird auch diese Metapher immer wieder verwendet, um Tradition und Identität zu veranschaulichen. Wenn man von unseren griechisch-römischen kulturellen Wurzeln sprechen kann, kann man auch behaupten, dass wir von den Griechen und Römern abstammen: Herkunft (oder Deszendenz, vom lateinischen *descendere*, herabsteigen, herunterkommen, abstammen) bezeichnet eine Verwandtschaft in absteigender Linie. Hier wirkt die Vorstellung, Griechen und Römer stünden *oben,* und wir wären im Verhältnis zu ihnen in einer Position weiter *unten*, ihnen nachgeordnet. Beispiele für diese Metapher gibt es zuhauf, und sie können auch in die Form anderer Bilder gekleidet sein, die gleichfalls ein *Oben* beschwören: wenn man von »Vorfahren« spricht (»die Griechen sind unsere Vorfahren«) oder von »Vätern« (»die Römer sind unsere Väter«). Aus einem *Wir* werden »Abkömmlinge« oder »Kinder«, die in einer imaginären kulturellen Genealogie weiter unten stehen. Und als gute Kinder sind wir natürlich unseren Ahnen unterstellt.[1] Frappierend an dieser metaphorischen Konstruktion ist, dass sie in derselben Weise funktioniert wie die erste. Nur dass es sich jetzt nicht mehr um eine Bewegung von unten nach oben handelt – der Baum hat seine Wurzeln in der Erde und wächst in die Höhe –, sondern um eine Bewegung von oben nach unten. Die Herkunft oder Deszendenz verläuft in absteigender Linie, entlang einer Achse von oben nach unten.

Doch obwohl hier die Richtung umgekehrt wird, lässt sich auch mit dem metaphorischen Konzept des Abstiegs ein machtvolles Dispositiv der Autorität konstruieren. Bei der Konstruktion von Hierarchien spielt also nicht nur die Vorstellung des Fundaments, sondern auch die des Gipfels eine Rolle; ja, Hierarchien sind in der Regel immer von oben nach unten aufgebaut. Die Spitze oder der Gipfel ist der überlegene, vorrangige Ort. Ein Angestellter, dem wir ein schwieriges Anliegen vortragen, muss immer seinen Vorgesetzten fragen: jemanden, der höher steht als er. Der Oberbefehlshaber wird stets wichtiger sein als derjenige, der nicht den Oberbefehl innehat, und so weiter. Mit anderen Worten, eine Position an der Spitze verleiht *Autorität*, genau wie die Position an den Wurzeln oder dem Fundament.[2] Dieses Spiel mit dem Oben und dem Unten sowie die Einkleidung dieses relationalen

Grundgerüsts in passende Bilder – den Baum und seine Wurzeln, das Herabsteigen von einem Gipfel, die Deszendenz in absteigender Linie, Väter und Vorfahren – erlaubt die Konstruktion von Dispositiven der Autorität, die eine beachtliche Überzeugungskraft besitzen.

Betrachten wir unter diesem Aspekt noch einmal den oben zitierten Satz von Marcello Pera:

> Unsere Geschichte, die Geschichte Europas und des Westens, ist jüdisch-christliche und griechisch-römische Geschichte. Wir kommen von drei Bergen: dem Sinai, Golgatha und der Akropolis. Und wir haben drei Hauptstädte: Jerusalem, Athen und Rom. Das ist unsere Tradition. Hier sind unsere Werte entstanden.

Jetzt verstehen wir, warum zur Bestimmung der Ursprünge unserer Kultur ausgerechnet auf drei *Berge* verwiesen wird: den Sinai, Golgatha und die Akropolis. Diese drei Orte sind nicht nur symbolisch und mythologisch aufgeladen, es sind auch *hoch gelegene* Orte, von denen die Nachkommen, also wir, *herabsteigen* können. Zur Konstruktion von Autorität wird hier eine den Wurzeln komplementäre Metapher verwendet. Hatte Pera in einer anderen Rede erklärt, die Pfröpflinge hätten zwar »den Baum bereichert, aber es sind die Wurzeln und der Stamm [Jerusalem, Athen, Rom], die den Ästen und Blättern des Baumes Nahrung gaben«, so verlegt er nun die Wurzeln auf den Gipfel. Der Mechanismus jedoch ist hier wie dort genau derselbe: Aus unserer Kulturgeschichte werden drei als bedeutsam erachtete historische Epochen ausgewählt, denen mittels eines passenden metaphorischen Paradigmas die *Autorität* übertragen wird, unsere *gesamte* Tradition zu repräsentieren und damit unsere kollektive kulturelle Identität zu definieren, unabhängig davon, ob die Einzelnen bereit sind, sie anzunehmen oder nicht.

Überflüssig zu sagen, dass diese Reduktion der Kulturgeschichte auf Wurzeln, aus denen man einen Baum entstehen lässt (oder auf Bergeshöhen, von denen man die Nachkommen herabsteigen lässt), einen Akt der Willkür darstellt. Vergessen wir nicht, dass die Juden vor dem Abstieg vom Sinai, um bei Peras Metapher zu bleiben, auf den Berg hinaufgestiegen sein mussten – mit einer Kultur im Gepäck, die sich im Austausch mit den Nachbarvölkern entwickelt hatte, besonders mit den Ägyptern. Dasselbe gilt für das Christentum, das von Historikern heute längst nicht mehr als organische und von äußeren Einflüssen unabhängige Entwicklung aus einem einzigen Ursprungskeim beschrieben wird. Und es gilt auch für das antike Griechenland, dessen Kultur dem Austausch mit anderen Kulturen des Mittelmeerraums viel zu verdanken hat.[3] Ganz zu schweigen von den Römern, die den

Ursprung ihrer Stadt nicht in einer alteingesessenen – autochthonen – Bevölkerung sahen wie die Athener, die ihre Herkunft aus Attika herleiteten, sondern in einer bunten Mischung sehr unterschiedlicher Völker und Kulturen. »Dorthin [in das *asylum*, die Freistatt, die Romulus nach der Gründung Roms errichtet hatte] flüchtete nun alles haufenweise ohne Unterschied, ob einer frei war oder Sklave, was immer auf Änderung seiner Lebensweise aus war: Und dies ist der ursprüngliche Kern der anhebenden Größe Roms gewesen«, heißt es bei Titus Livius.[4] Für den römischen Geschichtsschreiber war dieser bunt zusammengewürfelte Haufen der ersten Römer sogar »der ursprüngliche Kern der anhebenden Größe« der Stadt. Aber ist ein buntes Völkergemisch nicht gerade das, was nach Ansicht der modernen Theoretiker einer europäischen und westlichen Identität um jeden Preis vermieden werden muss? Wenn aus der Vermischung unterschiedlicher Völker eine heute mythologisch verklärte Stadt entstanden ist – Rom, eine unserer kulturellen »Hauptstädte« –, bleibt unverständlich, warum dasselbe nicht auch für alles gelten sollte, was danach kam.

Tatsache ist, dass man bei der Suche nach vermeintlichen Wurzeln oder Gipfeln unserer Kultur zwangsläufig auf eine unendliche Kette von Vorläufern stößt, deren erstes Glied sich unmöglich bestimmen lässt. Es sei denn, man möchte glauben, dass auf bestimmten Berggipfeln außergewöhnliche, metahistorische, übernatürliche Dinge geschehen sind, die jeweils einen absoluten Neuanfang markierten. Dies wäre jedoch nicht die Sichtweise der Kultur*geschichte*, sondern die einer Kultur*theologie*. Und schwerlich werden dieselben Sprecher bereit sein anzunehmen, dass sich auf dem Sinai, auf Golgatha und dann auch noch auf der Akropolis jeweils ein solches übernatürliches Ereignis vollzogen hat.

# 4

## Die horizontale Tradition

Wurzeln und Berggipfel sind Metaphern. Sie besitzen die allen Metaphern eigene suggestive Kraft, haben aber auch deren Grenzen. Infolgedessen könnte man auch *andere* Bilder benutzen – Bilder, die eine Tradition und die aus ihr abgeleitete Identität nicht als biologisches Schicksal oder eine unvermeidliche Deszendenz beschreiben, sondern als etwas Offeneres und Freieres.

In der Debatte über Tradition und Identität andere Metaphern zu verwenden erscheint mir besonders deshalb geboten, weil wir heutzutage aufgrund der erleichterten Kommunikation zu vielen sehr unterschiedlichen kulturellen Erfahrungen und Lebensweisen Zugang haben. Wir leben in Gesellschaften, deren Grenzen sich unablässig erweitern, in einer zunehmend horizontalen Gesellschaft, in der die kulturellen Modelle und Hervorbringungen der verschiedenen Gemeinschaften immer häufiger parallel zueinander verlaufen oder sich gegenseitig beeinflussen. Wir könnten daher versuchen, Bilder zu finden, die »Tradition« nicht als eine vertikale Bewegung von unten nach oben oder von oben nach unten beschreiben, sondern als etwas, das sich im Zuge eines horizontalen Prozesses mit vielen anderen charakteristischen Merkmalen verbindet, aus denen sich die Identität eines Menschen formt. Wenn man für die kollektive Identität unbedingt ein Bild oder eine Metapher finden möchte – und ich fürchte, bei einem so vagen und mehrdeutigen Thema kommt man gar nicht darum herum[1] –, könnte man anstelle des vertikalen Bildes vom Baum und seinen Wurzeln bzw. vom Gipfel und der Herkunft oder des Abstiegs von diesem Gipfel das »horizontale« Bild eines Flusses und seiner Nebenflüsse verwenden.

Im Einzugsgebiet eines Flusses wie des Po, der den identitären Bewegungen Norditaliens lieb und teuer ist, vereinigt sich eine Vielzahl von Quellen, Bächen und Nebenflüssen zu einem einzigen großen Strom mit einem Namen, der diesen komplizierten Zusammenfluss verschiedener kleinerer und größerer Gewässer bezeichnet. Die Metapher des Stroms zur Beschreibung des Zusammenhangs zwischen Tradition und Identität innerhalb einer bestimmten Gruppe hätte zumindest den Vorteil, das Fließende in den Vordergrund zu stellen und nicht das Unverrückbare und Starre von Wurzeln, die sich tief ins Erdreich senken. Solche horizontalen Metaphern verdeutlichen, dass man Teil einer bestimmten Tradition sein kann, ohne sich als deren Gefangener zu fühlen: dass wir keine Bäume sind, die, wenn sie sich von ihren Wurzeln lösen, vertrocknen und sterben, sondern Quellen und Bäche, deren Wasser frei strömen und sich mit anderen Gewässern vermischen kann. Die horizontale Tradition stünde somit für die Qualität eines Lebens, das sich andere Lebensweisen aneignen kann. Michel de Montaigne beschrieb es so: »Wenn ich mich an eine bestimmte Verhaltensweise gebunden fühle, zwinge ich sie deswegen nicht, wie jeder es mit der seinen tut, aller Welt auf; *ich kann mir Tausende von entgegengesetzten Lebensformen vorstellen und für gut befinden.*«[2] So könnte man auch die Tradition betrachten: nicht als eine vertikale Wurzel, sondern als etwas Horizontales, als eine von vielen Möglichkeiten der Eingliederung und Anlagerung anderer Traditionen. Tausend anderer, die durchaus auch im Widerspruch zueinander stehen können.

Ich bin mir nicht sicher, ob die horizontale Metapher der Tradition, wie ich sie hier vorschlage, eine Chance hätte, sich durchzusetzen. Die antiken Rhetoriker wussten, wie wichtig die *enárgeia* ist, die *evidentia*: jene unmittelbare Anschaulichkeit, die bestimmte sprachliche Bilder aufgrund ihrer Einprägsamkeit im Geist der Zuhörer hervorrufen.[3] Außerdem befürchte ich, dass ein Bild der Tradition und Identität aus dem metaphorischen Paradigma des Strömens und Zusammenfließens von Wasser den identitären Bewegungen nicht gefallen wird. Schließlich klingt in diesem Bild auch *Vermischung*, wenn nicht sogar Trübung an, während es ihnen im Zusammenhang mit Tradition und Identität ja gerade um Reinheit und Unverfälschtheit zu gehen scheint.[4] Dennoch sollten wir die Herausforderung annehmen und wenigstens beim Gebrauch der Sprache auf Toleranz und ein friedliches Miteinander setzen – Dinge, die wir für unser Leben, ja für unser Überleben so dringend brauchen.

In dieser Hinsicht enthält das Bild der Wurzeln einen weiteren unerfreulichen Aspekt, der bisher noch nicht erwähnt wurde. Diese »terrestrische« Metapher vermittelt die Vorstellung, dass die Identität selbst aus der Erde kommt, dem Boden, in den sich die Wurzeln hineinsenken. Die Vorstellung der Tradition als einer Verwurzelung suggeriert in gewisser Weise, dass nur die *Erde* uns sagen kann, wer wir sind: indem sie uns entweder in ihre mütterliche Umarmung einschließt oder uns zurückweist und verflucht. Das Bild der Wurzeln birgt den Traum der *autochthonía*, wie es die Griechen nannten:[5] den Anspruch, die einzig wahren Kinder eines Landstrichs zu sein (*autós* und *chthón*, »aus dieser Erde stammend«) und damit all jenen überlegen, die erst später hinzugekommen sind. Es gibt eine Vielzahl von – durchaus mehrdeutigen – Bildern und Vorstellungen, die diesen Bezug zur Erde oder zu einem bestimmten Landstrich enthalten. Sie sind Ausdruck einer Weltsicht, in der Tradition und Identität zu Merkmalen werden, die man mit der Luft des Ortes einatmet, an dem man geboren ist; die man mit dem Wasser aufnimmt, das man trinkt, und mit der Nahrung, die man isst.

So argumentiert bereits Umbricius in der dritten *Satire* Juvenals. Er betrachtet sich nur deshalb als einen »echten« Römer, weil er in seiner Kindheit die Luft des Aventin geatmet und sich von den Oliven genährt hat, die in sabinischer Erde wachsen.[6] Was ihn, wie er glaubt, dazu berechtigt, die Juden gering zu schätzen, die den heiligen Hain der Camenen gepachtet haben, oder die unaufrichtigen und betrügerischen Griechen, von denen die Stadt voll sei.[7] Doch Umberto Bossi und die Anhänger der Lega Nord argumentieren nicht viel anders als Umbricius, wenn sie das reine Wasser aus den Quellen des Po beschwören. Und auch die Verteidiger unserer kulinarischen Wurzeln ähneln Umbricius, wie wir noch sehen werden. Auch bei ihnen verschmelzen Tradition und sprudelndes Wasser, Identität und die Produkte »unseres« heimischen Bodens zu einem großen symbolischen Ganzen. Als Anhänger der Lega Nord erklärten, zum Abschluss ihrer Protestaktion gegen die Errichtung einer Moschee in Lodi bei Mailand ausgerechnet auf dem vorgesehenen Baugelände eine Messe feiern zu wollen, ging es ihnen gleichfalls um den heimischen Boden:[8] Tradition und Identität einer Gruppe zu schützen und zu verteidigen war für sie gleichbedeutend damit, den Boden vor möglichen »Verunreinigungen« zu bewahren. Wie wir aus der Geschichte wissen, können solche symbolischen Konstrukte – Wurzeln, Identität, Tradition, Erde – von einem Instrument der politischen Auseinandersetzung schnell zu tödlichen Waffen von Krieg und Gewalt werden. Man denke nur an die katastrophalen Folgen des identitären Denkens im ehemaligen Jugoslawien, ein Konflikt, der bis heute schwelt.

Doch kehren wir zu den »christlichen Wurzeln Europas« zurück und stellen uns einen Augenblick vor, die Debatte über den Wortlaut der Präambel der europäischen Verfassung hätte zu dem von Italien, Polen und Irland gewünschten Ergebnis geführt, und anstelle eines allgemeinen Verweises auf das »kulturelle, religiöse und humanistische Erbe Europas« wären die »christlichen Wurzeln« des europäischen Kontinents beschworen worden. Um wie viel schwieriger wäre es dann, all die Menschen als Teil Europas und seiner Kultur einzugliedern, die diese vermeintlichen Wurzeln nicht teilen. Wem könnten wir sie assimilieren? Vielleicht den Vögeln, die sich auf den Zweigen des Baumes niederlassen, der aus diesen Wurzeln gewachsen ist? In der Hoffnung, dass sie – wie die Zugvögel – wegfliegen, wenn die Zeit gekommen ist.

# 5

## Tradition wird vermittelt

Eine »horizontale« Metapher könnte uns mit der Vorstellung vertraut machen, dass Tradition kein vertikales Geflecht von Wurzeln – oder der Abstieg von einem vermeintlichen Gipfel – ist, sondern ein vielgestaltiges Ensemble unterschiedlicher Lebensweisen. Tradition ist ja nicht etwas, das aus der Erde kommt, das man isst oder atmet oder das von bestimmten Höhen zu uns herabsteigt, sondern zuallererst etwas, das konstruiert und *erlernt* wird. Ohne die beständige Mühe des Vermittelns und Erlernens verschwindet jede Tradition schon in kurzer Zeit. Nehmen wir als Beispiel die christliche Tradition und Identität der Italiener, die so vielen Politikern und Intellektuellen am Herzen zu liegen scheint.

In einem Lateinseminar an der Universität Siena bat ich vor ein paar Jahren meine Studenten, zu erklären, was das Wort »Tabernakel« bedeutet. Nur drei von dreiundvierzig Studenten hatten überhaupt eine vage Vorstellung davon, dass es sich um einen kleinen Behälter mit der geweihten Hostie handelt, der sich in katholischen Kirchen zumeist auf dem Altar befindet. Dass mir diese Wissenslücke meiner Studenten überhaupt auffiel, hat einen kuriosen Grund. Es ging um die Übersetzung des Satzes *Achilles cithara in tabernaculo se exercebat*, »Achilles übte sich in seinem Zelt auf der Leier«. Viele Studenten hatten übersetzt: »Achilles übte sich im Tabernakel auf der Leier.« Natürlich hatte ich eine Bemerkung über die ulkige Situation gemacht, dass Achilles gezwungen sein sollte, die Leier in einem Tabernakel zu spielen, allerdings hatte fast keiner gelacht. Zu meiner Zeit als Student an der Universität hätten wir die Vorstellung von einem im Tabernakel eingeschlossenen Achilles alle oder fast alle lustig gefunden. Aber meine Generation hatte in ihrer Kindheit den Katechismus studiert und am Sonntag mit ihren Eltern die Messe besucht, wir wussten also, was ein Tabernakel ist. Viele in den Achtziger- und Neunzigerjahren geborene Kinder wurden jedoch nicht mehr in der katholischen und christlichen Kultur erzogen und waren deshalb auch nicht mehr mit den Grundelementen der christlichen Messfeier vertraut. Man fragt sich also, wo die viel beschworene christliche Tradition und die christliche Identität Italiens geblieben sind, wenn vierzig von dreiundvierzig Studenten nicht wissen, was ein Tabernakel ist. Und ich frage mich auch, warum Leute, die nicht wissen, was ein Tabernakel ist, sich darüber aufregen sollten, wenn irgendwo eine Moschee gebaut wird.

Tatsache ist, dass Traditionen – wie jeder andere Bereich der Wissensüberlieferung – von bestimmten Weichenstellungen der Akkulturation, der Erziehung und des Lernens abhängen. Dies ist wohl der Grund dafür, dass die katholische Kirche Italiens so entschieden am schulischen Religionsunterricht festhält. Ohne den Religionsunterricht würde die christliche Tradition der Italiener noch schneller schwinden, als es ohnehin der Fall ist. Eine Tradition schöpft ihre Kraft nicht in erster Linie daraus, dass sie aus der Vergangenheit kommt, wie man zu glauben geneigt ist und wie uns immer wieder gesagt wird. Entscheidend ist vielmehr, dass ihre Inhalte auch in der Gegenwart weitergegeben werden. Manchmal wird sogar ganz neu damit begonnen, bestimmte Inhalte zu vermitteln. In diesem Fall spricht man von erfundenen Traditionen.[1] Ein weitverbreitetes Verständnis von Tradition geht, vereinfacht gesagt, davon aus, dass eine Tradition umso beständiger sei, je älter sie ist oder – um bei der Metapher zu bleiben – je weiter ihre Wurzeln in die Vergangenheit zurückreichen. Doch ganz so ist es nicht. Eine Tradition ist umso beständiger, je stabiler der Rahmen ist, von dem sie in der Gegenwart getragen wird: das heißt, je öfter wiederholt und *gelehrt* wird, dass sie stark ist und weit in die Vergangenheit zurückreicht. Selbst die Militanten von der Lega Nord – die sich, je nach politischer Opportunität, mal mit der keltischen und mal mit der langobardischen Tradition, mal mit der Tradition der mittelalterlichen Kommunen Italiens und dann wieder mit der christlichen Tradition ganz allgemein identifizieren[2] – hätten Schwierigkeiten, sich auf eine Tradition zu berufen, wenn es keine Geschichtsbücher für den Schulunterricht gäbe.

Tradition wird eingeübt, sie wird erlernt. Und damit ist sie unauflöslich mit der Schrift verbunden. Wir sind an dieses Notationssystem so sehr gewöhnt und halten es für so selbstverständlich, dass wir seinen enormen Einfluss auf die Dynamik kultureller Prozesse gar nicht ermessen können. Und doch wären auch die Traditionen des sogenannten Padanien kaum überlebensfähig, gäbe es keine schulischen Geschichtsbücher und keine Sammlungen von Kinderreimen, die von den Gelehrten des 19. Jahrhunderts zusammengetragen (oder erfunden) wurden. Mit anderen Worten: keine *Schrift*, in der die Vergangenheit aufgezeichnet und dokumentiert wird. Dass es sich dabei auch um ungenaue oder sogar falsche Aufzeichnungen handeln kann, ist natürlich eine andere Geschichte. Im Übrigen hätten wohl nicht einmal die Römer ohne die Literatur – insbesondere die Schriften griechischer Autoren (Florence Dupont erwähnt unter anderem Dionysios von Halikarnass) jener Epoche, in der Roms Bedeutung wuchs – einen ganzen Komplex mehr oder weniger legendenhafter Ursprünge für sich reklamieren können.[3]

Um zu ermessen, wie groß der Einfluss der Schrift und deren Gebrauch auf die Grundlegung von Tradition und Identität ist, braucht man sich nur Bevölkerungen anzuschauen, die erst Jahrhunderte oder Jahrtausende später als der Westen anfingen, ein Alphabet zu benutzen. Ein Beispiel ist Neukaledonien. Diese zwischen Frankreich und Großbritannien lange umkämpfte Insel kam 1853 in französischen Besitz; ab 1864 war sie vierzig Jahre lang eine Strafkolonie. Mit der westlichen und asiatischen Einwanderung schrumpfte die melanesische Urbevölkerung der Kanaken, und ihre Kultur geriet zunehmend unter europäischen Einfluss. Ab 1985 jedoch forderte die von Jean-Marie Tjiabaou gegründete Front de Libération Nationale Kanak et Socialiste (FLNKS; Kanakische sozialistische Front der nationalen Befreiung) die Unabhängigkeit des Landes und die Schaffung eines Staates Kanaky. Die politischen Geschicke Neukaledoniens – die unter anderem durch die tragische Ermordung Tjiabaous im Jahr 1989 geprägt sind – brauchen uns hier nicht weiter zu interessieren. Entscheidend für uns ist etwas anderes.

Mitte der 1930er-Jahre führten westliche Ethnologen in Neukaledonien eine bis dahin unbekannte Praxis ein: die Schrift. Und sie fingen an, lokale Mythen und Geschichten zu erforschen und zu sammeln. Diesem Beispiel folgend, begann bald auch die indigene Bevölkerung, ihre Mythen schriftlich niederzulegen – Geschichten, in deren Mittelpunkt das Volk der Kanaken stand. In den 1970er-Jahren machten sich melanesische Intellektuelle unter dem charismatischen Einfluss Tjiabaous ans Werk, auf der Grundlage dieser schriftlichen Dokumente eine Identität des Volkes der Kanaken zu rekonstruieren – oder vielmehr zu konstruieren – und eine Tradition zu begründen. So entstand die Figur Kanaké (»Mensch«), der Eingeborene, der Urvater aller Kanaken. Unter Rückgriff auf die bekannte Metapher könnten wir sagen, dass Kanaké und der mit dieser Figur verknüpfte Fundus an mythologischen Erzählungen heute die Wurzeln der kanakischen Identität bilden. »Vor unseren Augen wird hier eine Geschichte erfunden, halb Mythos, halb Erinnerung. Sie ähnelt der Geschichte, die sich das Frankreich genannte Land des 14. Jahrhunderts gibt, mit Mönchen, die die Kunst des Schreibens und der Kalligrafie beherrschen, und dem Hof eines kleinen Königs.«[4]

# 6

## Rekonstruktion von Erinnerung

Die Vermittlung und Weitergabe einer Tradition hat also in der Schrift einen mächtigen Verbündeten. Aber, so könnte man einwenden, ist denn Tradition nicht etwas, was von der *Erinnerung* bewahrt wird? Damit sind wir bei einem anderen Thema, das in unserer kulturellen Debatte immer wieder zur Sprache kommt: dem kollektiven Gedächtnis, das oft im Zusammenhang mit Schlagworten wie Erinnerungsverlust, Macht der Erinnerung oder Gedenktage auftaucht. Wenden wir uns also der Frage von Gedächtnis und Erinnerung zu. Ich möchte behaupten, dass zwischen dem Erinnern und dem Erlernen einer Tradition gar kein so großer Unterschied besteht, wie man gemeinhin denkt.

Die Begriffe »Erinnerung« und »Gedächtnis« werden meist so verwendet, als seien sie klar und eindeutig definiert. Maurice Halbwachs hat jedoch schon vor Jahrzehnten dargelegt, dass es neben dem individuellen Gedächtnis noch zwei weitere Formen der Erinnerung gibt:[1] das kollektive Gedächtnis, ein internes Phänomen, das die Erinnerungen einer bestimmten Gruppe beschreibt; und das historische Gedächtnis, ein externes Phänomen, das die vielen kursierenden Erinnerungen zu einem einheitlichen Muster verbindet. Halbwachs beschrieb das historische Gedächtnis im Bild eines »Ozeans, in den alle Teilgeschichten einmünden«.[2] Das individuelle und das kollektive Gedächtnis basieren auf unterschiedlichen Bezugsmodellen. Die Erinnerungen einer Gruppe (deren kollektives Gedächtnis) sind an die physische Präsenz der Mitglieder dieser Gruppe gebunden, aber auch an soziale Rahmenbedingungen, an die sich diese Erinnerungen anlagern können. Das historische Gedächtnis dagegen ist von Gruppen und äußeren Bedingungen unabhängig; ja, es entsteht erst in dem Moment, da die lebendige Tradition der Erinnerung einer Gruppe bereits verloren zu gehen droht.

Für unsere Ausgangsfrage nach der Beziehung zwischen Tradition und Erinnerung ist besonders die Dimension des kollektiven oder Gruppengedächtnisses interessant; das seinerzeit von Halbwachs vertretene Konzept des historischen Gedächtnisses wird heute als recht unzulänglich betrachtet.[3] Konzentrieren wir uns daher auf die kollektive Form der Erinnerung.

Das kollektive Gedächtnis braucht soziale Rahmenbedingungen, die dessen Inhalt entscheidend prägen. Ändert sich der soziale Bezugsrahmen, dann ändern sich auch die Erinnerungen an die jeweilige Vergangenheit. Schritt für Schritt *rekonstruiert* die soziale Gruppe also stets auch ihre eigene Vergangenheit, ihre eigene Tradition, indem sie sie den sozialen Gegebenheiten der sich stetig verändernden Gegenwart anpasst – und auf diese Weise auch ihre Zukunft entwirft.[4]

Das Beispiel, das Halbwachs im Rahmen einer berühmten Monografie ausführlich untersuchte, ist die Topografie des Heiligen Landes. Viele Jahrhunderte nach Jesu Tod wurden die in den Evangelien erzählten Ereignisse seines Lebens – Geburt, Verklärung, Gefangennahme, Geißelung und so weiter – mit bestimmten *Stätten* verknüpft, die man aufsuchen konnte. Im Laufe der Zeit entstand auf diese Weise eine Ortsbestimmung des Lebens Jesu, die nichts anderes war als die Kartografie von Dogmen und Glaubensüberzeugungen, gespeist jedoch nicht aus lokalen Erinnerungen, sondern aus den auf Palästina projizierten Bedürfnissen der inzwischen gewachsenen christlichen Gemeinschaft.[5] Dieses rekonstruktive Verfahren des kollektiven Gedächtnisses hat freilich nichts mit dem Urteil zu tun, das man über die in dieser Weise konfigurierten Erinnerungen fällt. Dieses Urteil kann positiv, aber auch negativ ausfallen und spiegelt unterschiedliche Beurteilungskriterien (wahr/falsch, aktuell/inaktuell, tendenziös/ehrlich, politisch/

wissenschaftlich, moralisch vorteilhaft/schädlich und so weiter).

Die Bedeutung von Halbwachs' Theorie liegt vor allem darin, dass sie den intrinsischen Charakter des kollektiven Gedächtnisses und seiner Funktionsweise herausstellt – eine Konzeption der Vergangenheit, die man »sozial-konstruktivistisch« nennen könnte.[6] Das schließt aber natürlich nicht aus, dass einige Gruppen ein umfassenderes und längeres Gedächtnis haben als andere. Peter Burke verglich das lange soziale Gedächtnis der Iren und Polen mit dem relativ kurzen der Engländer, denen er eine »strukturelle« oder »soziale Amnesie« bescheinigte.[7] Mit Blick auf die schwierige Situation Nordirlands und seiner Geschichte, die den Iren bis heute weitgehend in Erinnerung geblieben ist, meinte der amerikanische Bischof Fulton Sheen einmal: »Die Briten erinnern sich nicht, die Iren vergessen nicht.«[8] Bleibt die Tatsache, dass man sich erinnert, weil man sich erinnern möchte, und dass man sich an das erinnert, was man – aus unterschiedlichen Gründen – beschließt, in Erinnerung zu behalten.

# 7

# Wie Traditionen entstehen: das mythologische Paradigma

Die antiken Texte sind ein wertvoller Fundus an interessanten Stoffen auch für unsere aktuellen Debatten; nicht zuletzt deshalb wäre es ein schwerer Fehler, sie nicht mehr zu lesen, was leider heute immer mehr der Fall ist. Insbesondere Vergils *Aeneis*, das bedeutendste Epos der römischen Antike, besitzt heute noch eine große Relevanz, wenn es um anthropologische Paradigmen geht, insbesondere um die Beziehung zwischen Tradition und Identität.

Im zwölften und letzten Buch der *Aeneis* treffen sich Jupiter und Juno, um Frieden zu schließen. Die Göttin, die bis zu diesem Augenblick den Trojanern feindselig gesonnen war und den Latinern zur Seite gestanden hatte, fügt sich nun dem Willen ihres Gatten und Bruders Jupiter. Ja, es bleibt ihr gar nichts anderes übrig, als sich mit der Realität abzufinden, dass Aeneas nach seiner Flucht aus Troja, seinen Irrfahrten und der Landung in Latium den

Kampf gegen die Latiner gewonnen hat. Doch vor ihrer endgültigen Kapitulation stellt Juno Bedingungen bezüglich der Zukunft der Trojaner und Latiner. Heute würden wir sagen, Juno und Jupiter definierten im Zuge von Vereinbarungen die *Identität* der Menschen, die aus der Verschmelzung der beiden Völker hervorgehen würden. Vergil lässt Juno sagen:

> Um dies eine, das durch keine Bestimmung des Fatums gebunden ist, bitte ich flehentlich für Latium und die Größe der Deinen: Wenn sie nun den Frieden mit glücklichen Ehen besiegeln (so sei's), wenn sie nun unter gemeinsamen Gesetzen ihren Bund schließen, so befiehl nicht, dass die einheimischen Latiner ihren alten Namen wechseln, dass sie Troer werden und Teucrer genannt oder die Menschen ihre Sprache wechseln oder die Tracht ändern. Garantiert sei Latiums Bestand, seien über Jahrhunderte hin albanische Könige, sei ein Römergeschlecht mächtig durch italische Tüchtigkeit. Untergegangen ist Troja, und lass es untergegangen sein samt seinem Namen.[1]

Juno verlangt also, dass die Kinder und Enkelkinder der mit Latinern verheirateten Trojaner trotz des trojanischen Elternteils *Latiner* bleiben können. Fassen wir die wichtigsten Forderungen Junos zusammen:

*Der Name.* Obwohl sich die beiden Gruppen miteinander vermischen, soll als Name des Volkes der Name der »Einheimischen« (*indigenae*) beibehalten werden; die Nachkommen sollen *Latini* heißen, nicht *Troes* oder *Teucri*.

*Die Sprache.* Die Nachkommen gemischter Ehen sollen den *patrius sermo* (die Muttersprache) der Latiner beibehalten. Mit anderen Worten: Sie sollen auch in Zukunft Lateinisch sprechen und nicht gezwungen werden, die Sprache der Trojaner zu übernehmen.

*Die Tracht.* Das zukünftige Volk soll das traditionelle Gewand beibehalten, die *Toga*. Dieser Punkt könnte aus heutiger Sicht belanglos erscheinen, jedenfalls verglichen mit dem Namen und der Sprache. Denkt man jedoch an die Konflikte, die etwa der muslimische Schleier in vielen europäischen Ländern heraufbeschworen hat, von der Burka ganz zu schweigen – oder denkt man, umgekehrt, an die Intoleranz einiger Einwanderergruppen gegenüber der westlichen Kleidung ihrer eigenen Frauen und Töchter –, wird sofort klar, dass auch heute die Wahl der Kleidung nichts weniger als neutral ist. In der römischen Kultur jedenfalls war sie eng mit den *mores* verbunden: den Sitten und Gebräuchen bzw. dem Kulturmodell, durch das sich ein Volk von einem anderen unterscheidet. Wie wir von Vergil wissen, standen die Trojaner im Ruf, Tuniken mit Ärmeln, safran- und purpurgefärbte Kleider sowie Mützen mit Bändern zu tragen. Diese Tracht soll nach Junos Wunsch abgeschafft, die der Latiner dagegen beibehalten werden.

*Geografie und Geschichte.* *Latium* soll auch in Zukunft Bestand haben (und nicht beispielsweise ein neues *Troas* gegründet werden), und es soll weiter latinische Könige von Alba Longa geben, die für die Geschichte Roms von grundlegender Bedeutung waren.

*Macht und Tüchtigkeit der Nachkommen.* Die *Romana propago*, das nun entstehende Geschlecht, das in Latium seine Wurzeln haben wird, soll seine Macht auf die *virtus Italica* stützen und nicht auf den trojanischen Charakter, der als geringwertig erachtet wird.

Junos Forderungen sind hart. Der Beitrag, den ihrem Willen zufolge die Trojaner zu der neuen Bevölkerung leisten sollen, ist gleich null. Trotz der künftig geschlossenen gemischten Ehen sollen nicht nur der Name und die Sprache, sondern auch die Sitten und Gebräuche sowie die sittlichen Eigenschaften der Trojaner dem Vergessen anheimfallen. Noch überraschender jedoch ist, dass Jupiter diese Forderungen nicht nur Punkt für Punkt akzeptiert, sondern noch weiter geht, um Juno zufriedenzustellen. Er selbst, so verspricht er, werde dafür sorgen, dass die Vermischung der beiden Völker auf das rein *Körperliche* beschränkt bleibt. Vergil schreibt:

Ihr antwortet lächelnd der Schöpfer der Menschen und der Dinge: »Du bist wirklich die Schwester Jupiters und das zweite Kind des Saturnus, so große Woge des Grolls wälzt du in deinem Herzen! Genug damit, beschwichtige nun dein vergeblich begonnenes Wüten: Ich erfülle deine Wünsche und gebe mich gern geschlagen. Ihre Muttersprache und Gebräuche werden die Ausonier behalten, und ihr Name bleibt, wie er ist; die Vermischung wird nur körperlich sein, und was von den Teukrern kommt, wird sich am Boden ablagern. Brauch und Satzung des Kultes werde ich beitragen und sie alle unter einer Sprache zu Latinern machen. Daraus wird ein Geschlecht aufgehen, das mit Ausonierblut vermischt ist. Du wirst sehen, dass es die Menschen, die Götter an Frömmigkeit übertrifft, und kein einziges Volk wird die heiligen Feste vergleichbar feiern.«[2]

Bei den künftigen, gemischten Nachkommen der Latiner und Trojaner ist also der trojanischen Komponente nur eine subsidiäre Rolle zugedacht. Allein der latinische Teil soll zum Tragen kommen. Vergils Formulierung an dieser zentralen Stelle seines Epos lässt keinen Zweifel: *commixti corpore tantum / subsident Teucri*, die Teukrer sollen nur körperlich mit ihnen vermischt sein. Der Beitrag der Trojaner zu dem neuen, gemischten (*commixti*) Geschlecht soll sich also auf das rein Physische beschränken. Und als wäre das nicht schon genug, fügt Jupiter hinzu, dieser trojanische Beitrag werde sich am Boden ablagern (*subsident*) – wie der Bodensatz beim Wein oder beim Öl, ein Prozess, für den die Römer das Verb *subsidere* verwendeten. Es beschreibt das Sich-Absenken des minderwertigen Ausschusses, sodass nur noch das Klare und Reine übrig bleibt. Warum das? Offenkundig ist es wichtig, dass die Nachkommen nicht nur von latinischen Sitten und Gebräuchen (*mores*), sondern möglichst auch in ihren physischen Merkmalen latinisch geprägt sind.

Diese Entscheidung Jupiters bezüglich der künftigen Identität des trojanisch-latinischen Volkes hat den Beigeschmack einer ethnischen Säuberung. Zu dem künftigen Geschlecht werden die Trojaner weder einen sittlichen noch einen kulturellen Beitrag leisten (weder ihre Sprache noch ihr Name noch ihre Sitten und Gebräuche werden fortbestehen). Ihre Präsenz ist rein physisch, und selbst das nur in Form eines Bodensatzes. Die Konstruktion der Identität des neuen Volkes basiert auf Entscheidungen, die andere Verbindungen und eine andere Form des Austausches zwischen Latinern und Trojanern ausschließen. Der Name und die Sprache, die Sitten und die Gebräuche der Trojaner werden mit der erbarmungslosen Klinge der Identitätspolitik eliminiert.[3]

So beeindruckend all dies auch sein mag, es ist keineswegs der Aspekt in Vergils Text, der uns hier am meisten interessiert. Bemerkenswert ist nämlich, dass Juno und Jupiter zur Identitätsbestimmung der Nachkommen die traditionellen Abstammungsregeln der römischen Kultur einfach auf den Kopf stellen. Im römischen Recht gilt das agnatische Abstammungsprinzip: Name, Besitz, Formen des Kults, Gebräuche und sogar körperliche Eigenschaften (entsprechend dem gängigen Stereotyp) werden vom *Vater* vererbt, nicht von der Mutter. Nun muss man aber wissen, dass die Trojaner keine Frauen mit nach Latium gebracht haben, es sind ausschließlich Männer gekommen. Die Trojanerinnen, die die Flüchtlinge begleitet haben, sind in Sizilien geblieben. Und infolgedessen können die künftigen Ehen zwischen Trojanern und Latinern nur solche zwischen trojanischen *Vätern* und latinischen *Müttern* sein. Hier liegt also der Grund, warum kraft göttlichen Beschlusses in diesem Fall den Vätern alle Vorrechte entzogen und den Müttern übertragen werden, deren Sitten, Gebräuche und Kultur, ja sogar körperliche Merkmale die Nachkommen erben sollen. Für Rom etwas Unerhörtes, das nur ein Gott vorschlagen und durchführen konnte.

Vergils literarische Fiktion liefert uns das *mythologische Paradigma* der Konstruktion/Rekonstruktion von Identität und Tradition. Anders gesagt: Der Dichter kleidet das von Halbwachs so exakt beschriebene Verfahren in eine mythologische Erzählung: Es handelt sich um die Schaffung eines kollektiven Gedächtnisses und einer kulturellen Tradition mittels einer künstlichen Rekonstruktion. Und damit entlarvt Vergil auch das Illusorische von Wurzeln, von Tradition und Identität, die angeblich aus diesen Wurzeln hervorgehen. Wer sich anmaßt, auf der Grundlage einer bestimmten *Tradition* die *wahre* Identität eines Volkes zu definieren – indem er bestimmte Merkmale als die *eigenen* auswählt und für bewahrenswert erklärt und alle anderen als Bodensatz aussondert –, verhält sich wie die Götter in der *Aeneis*. Der mythologische Charakter derartiger Versuche ist offenkundig, denn die Schaffung und Definition einer kollektiven Tradition ist nur in der Fantasie antiker Dichter möglich. Die modernen Theoretiker der Identität, so maßgeblich und einflussreich sie auch manchmal sind, besitzen keine solche göttliche Macht. Unsere soziale und kulturelle Wirklichkeit wird nicht vom *fatum* beherrscht, dem auf dem Olymp ausgesprochenen und damit ein für alle Mal gültigen göttlichen Wort. Die Realität wird von eigenständigen und sehr viel komplizierteren Faktoren bestimmt, über die man sich nicht einfach hinwegsetzen kann, wie es Vergils Jupiter vermag.

# 8

# Die tragischen Paradoxien der Tradition

Es gibt zahlreiche Beispiele für Traditionen, die – auch wenn sie noch so emphatisch gefeiert werden – in Wirklichkeit das Ergebnis einer rekonstruktiven Erinnerung sind. Der Palio von Siena etwa, ein soziales Event, das von den meisten Zuschauern als Ausdruck einer seit Jahrhunderten unverändert gebliebenen Tradition betrachtet wird, ist in Wahrheit eine komplexe Rekonstruktion. Obwohl es seit dem Mittelalter alle möglichen Arten von Pferderennen gab, wurden die älteren zugunsten von jüngeren Formen, insbesondere des 18. Jahrhunderts, eliminiert. Heute werden solche Veranstaltungen als traditionsreich und altehrwürdig wahrgenommen.[1]

Wenn es jedoch um die Rekonstruktion von Erinnerung und Tradition geht, ist Halbwachs' oben erörterte Untersuchung zur Legendenhaftigkeit der Evangelientopografie im Heiligen Land ein besserer Ausgangspunkt. Die Geschichte Jerusalems und Palästinas ist allerdings tragisch.

Die blutigen Konflikte, von denen Jerusalem bis in die jüngste Vergangenheit heimgesucht wurde, sind nicht zuletzt die Folge unterschiedlicher Modelle einer traditionellen (mehr oder weniger mythologischen) Topografie, die von den auf diesem Territorium lebenden ethnischen und religiösen Gruppen geschaffen wurde. Juden, Muslime und Christen, sie alle haben die Topografie Jerusalems im Lauf der Geschichte entsprechend ihren jeweiligen Traditionen *rekonstruiert*. Im Zentrum stand dabei das etwa vierzehn Hektar große Areal des Bergs Morija. Die Juden identifizierten es als den Ort des Tempels (mit der Klagemauer), den König Salomon an der Stelle erbauen ließ, wo Abraham von Gott aufgefordert worden war, seinen Sohn Isaak zu opfern. Für die Muslime ist der Prophet von hier aus auf einem geflügelten Pferd in den Himmel aufgestiegen, deshalb stehen auf dem Plateau heute die al-Aqsa-Moschee und der Felsendom.

Ein Streitpunkt ähnlicher Art war die Grabeskirche, die für Katholiken, Orthodoxe und andere christliche Gruppen der Ort der Kreuzigung und Grablegung Christi ist, und das sogenannte Gartengrab auf einem felsigen Steilhang, den der englische Generalmajor Charles Gordon im Jahr 1883 zum »authentischen« Ort der Kreuzigung Christi erklärte und der als solcher von den Protestanten verehrt wird. Und so geht es weiter mit der traditionellen Rekonstruktion Jerusalems als eines jüdischen, muslimischen oder (zur Zeit der Kreuzzüge) christlichen Ortes. Mit der Folge, dass diese Religionsgemeinschaften einander bekämpften, um ihre Topografie Jerusalems zu verteidigen. Heute töten Israelis und Palästinenser einander aus ähnlichen Gründen. Ich habe ein Fernsehinterview gesehen, in dem jüdische Siedler in den besetzten Gebieten ihr Recht, dort zu bleiben, mit dem Argument verteidigten, dies sei nicht das Land der Palästinenser, weil sich hier die Gräber König Davids und Abrahams befänden. Die eingeschlagenen Fenster ihrer Häuser und die Präsenz israelischer Soldaten zu ihrem Schutz waren der sinnfällige Beweis dafür, dass die arabischen Nachbarn dieser israelischen Siedler eine völlig andere Topografie vertraten.

Theoretisch könnten die tragischen Paradoxien der rekonstruktiven Erinnerung in diesem Areal noch zunehmen, denn das historische Gedächtnis (im Sinne von Maurice Halbwachs) böte genügend Ausgangspunkte für die Rekonstruktion weiterer traditioneller Topografien Jerusalems – die allerdings ganz andere wären als jene, die sich heute das Feld streitig machen. Wie wir wissen, wurde Judäa nach der Eroberung Jerusalems und der Zerstörung des jüdischen Tempels durch den römischen Kaiser Titus am 29. August des Jahres 70 n. Chr. zu einer Provinz des Römischen Reiches. Sechzig Jahre später beschloss Hadrian, die Stadt als römische Kolonie unter dem Namen Aelia Capitolina völlig neu wiederaufzubauen und den Tempel neu zu errichten, allerdings zu Ehren römischer Gottheiten. An der Stelle, wo sich heute die Grabeskirche befindet, entstand ein Aphrodite-Tempel und auf dem Plateau des zerstörten jüdischen Tempels ein Heiligtum, das der kapitolinischen Trias Jupiter, Juno und Minerva geweiht war.[2] Infolgedessen könnte sich der Streit zwischen Juden und Muslimen um den Tempelberg durch Besitzansprüche der kapitolinischen Göttertrias weiter zuspitzen – zum Glück jedoch nur rein theoretisch. Und aus denselben Gründen könnte der ohnehin komplizierte Status der Grabeskirche (die sich heute Katholiken, Orthodoxe, Armenier und in geringerem Umfang auch syrische Christen, Kopten und Abessinier teilen) dadurch noch prekärer werden, dass man den Ort für die Göttin Aphrodite zurückfordert, denn auch sie hatte ihn eine Zeit lang in Besitz.

Derartige Ansprüche werden freilich derzeit von niemandem erhoben, und es mag absurd scheinen, dies auch nur als abstrakte Möglichkeit zu erwägen. Aber wir müssen uns darüber im Klaren sein, dass dies nur deshalb nicht geschieht, weil die antiken – sogenannten heidnischen – Götter keine nennenswerte Anhängerschaft mehr besitzen, im Unterschied zum Gott der Juden, Muslime und Christen. Es gibt heute keine einflussreiche Gruppe, die ihre Identität auf Wurzeln in der hellenistisch-römischen Kultur zurückführt. Man könnte sagen, es existieren schlicht und einfach nur deshalb keine »heidnischen« Ansprüche auf diese Areale Jerusalems, weil die Altphilologen und Althistoriker eine wissenschaftlich-akademische Community bilden und keine ethnische oder religiöse Gruppe.[3]

# 9

## Traditionen wählen

Der Extremfall Jerusalem, bei dem eine Vielzahl unterschiedlicher Traditionen und Wurzeln auf eine einzige Stadt – ja, auf dieselben Areale einer Stadt – bezogen wird, zeigt beispielhaft, wie Traditionen entsprechend den Bedürfnissen und Impulsen spezifischer Gruppen die Erinnerung rekonstruieren. Dies geschieht auch und vor allem dann, wenn diese Gruppen versuchen, ihre Sicht der Welt absolut zu setzen, indem sie die vermeintliche Wahrheit und Authentizität eigener Wurzeln den als falsch und angemaßt betrachteten Wurzeln der anderen gegenüberstellen. Wie viel leichter wäre das Leben, insbesondere in einer so von Konflikten heimgesuchten Region wie Palästina, wenn sich die Vorstellung durchsetzen würde, dass Traditionen nicht vertikal, sondern horizontal zu begreifen sind, dass sie nicht aus der Erde kommen, sondern erlernt sind und sich aus der beständigen Rekonstruktion des kollektiven Gedächtnisses speisen.

Ein solches Umdenken ist alles andere als einfach. Es

müsste aber jedem unmittelbar einleuchten, dass es ausgesprochen prekär und folgenreich ist, ein bestimmtes Traditionsmodell auf Kosten anderer auszuwählen und damit den Prozess der kollektiven Rekonstruktion von Erinnerung zu determinieren. Dies gilt insbesondere für die Erarbeitung von schulischen Lehrplänen und Bildungsprogrammen. Die Entscheidung für eine bestimmte Richtung, eine bestimmte historische Epoche oder bestimmte Texte (und manchmal auch nur die Auswahl eines Lehrstoffs) hat unmittelbare Auswirkungen auf das kulturelle Gedächtnis künftiger Generationen. Deshalb ist die Reform von Lehrplänen auch so schwierig, besonders in Italien. Mit der Entscheidung darüber, was aus der Vergangenheit wissens- und unterrichtenswert ist – Fakten und Ereignisse, aber auch Denk- und Lebensweisen, Texte, sprachliche Bilder und so weiter –, werden die Weichen nicht nur für das zeitgenössische Bewusstsein gestellt, sondern auch für das kollektive Gedächtnis der nachfolgenden Generationen: eine schwierige Entscheidung, die ein hohes Maß an kluger Einsicht erfordert. Denn für die Generationen von morgen müssen wir Traditionen wählen, die zumindest zukunftsfähig sind: Traditionen der Menschlichkeit, der Toleranz und der Offenheit. Andernfalls besteht die Gefahr, dass wir Staatsbürger hervorbringen, die nicht nur ignorant sind (davon gab es auch in der Vergangenheit viele), sondern auch böse: Menschen, die einander Gewalt antun. Das möchte ich an einem Beispiel erläutern, das lehrreicher ist als jede theoretische Argumentation.

Bei Ausbruch der Feindseligkeiten zwischen den Hutu und den Tutsi in Ruanda mussten wir feststellen, dass es sich gar nicht um einen ethnischen Konflikt handelte – oder um einen Stammeskonflikt, wie die Medien gern behaupten, wenn es um Kriege in Afrika geht. Die Sache war sehr viel komplizierter, denn Hutu und Tutsi gehören keineswegs unterschiedlichen Ethnien an.[1] Sie sprechen dieselbe Sprache, sind äußerlich kaum zu unterscheiden und haben jahrhundertelang dasselbe Territorium bewohnt und dieselben politischen Institutionen genutzt. In einem gemeinsamen Königreich erfüllten die Tutsi die Funktion der Aristokratie, während die Hutu rituelle Privilegien innehatten, von denen der Wohlstand aller abhing. Auf diese Weise hatten Hutu und Tutsi in Ruanda viele Jahrhunderte zusammengelebt.

Erst die christlichen Missionare und die europäischen Kolonisatoren interpretierten diese sozialen Gruppen als zwei verschiedene Völker. Gestützt auf die genetisch und hierarchisch geprägte Anthropologie des 19. Jahrhunderts wurde den Tutsi als den »edlen« Hirten ein hamitischer Ursprung zugesprochen: ein biologisches und kulturelles Erbe, das über eine gemeinsame Abstammung von Noah irgendwie mit dem Westen verknüpft werden konnte. Die Hutu dagegen erklärte man zu einer primitiven Urbevölkerung von Ackerbauern. Léon Classe, der erste katholische Erzbischof des Landes, behauptete sogar, die Tutsi seien Angehörige der arischen Rasse. Seine Nachfolger wiederum sahen in ihnen die Nachkommen eines der verlorenen Stämme Israels. Und all dies einzig und allein deshalb, weil sich die Kolonisatoren ausschließlich auf die aristokratischen Tutsi stützten. Sie grenzten die Hutu aus und raubten ihnen ihre alten rituellen Privilegien. Als die Tutsi zum Katholizismus konvertierten, übernahmen sie schließlich selbst die Legende ihres hamitischen Ursprungs; den Hutu schrieben sie die Rolle Bantu sprechender Bauern zu. Und jetzt akzeptierten auch die Hutu diese ethnografische Legende – die Rekonstruktion ihrer vermeintlichen Vergangenheit und ihrer Tradition entsprechend dem Modell der Europäer – und begannen, die Tutsi als Invasoren zu betrachten. Hutu und Tutsi waren von den Belgiern zu ethnischen Gruppen erklärt worden. Nun bekämpften sie einander so, als wären sie tatsächlich zwei verschiedene Völker. Blutige Massaker und Konflikte waren die Folge, aber auch der Versuch der Hutu, sich zu »tutsifizieren«, um sich aus der ihnen von ihrer Gemeinschaft aufoktroyierten Unterlegenheit zu befreien und in der sozialen Hierarchie in den Rang aufzusteigen, den die Tutsi für sich beanspruchten.

Das ist aber noch nicht das Ende der tragischen Paradoxien des Krieges in Ruanda – der Paradoxien einer künstlichen ethnischen Zugehörigkeit und erfundenen Tradition. Im Jahr 1930 führten die belgischen Kolonialherren eine Volkszählung durch, um Personalausweise auszugeben, die deren Inhaber als Tutsi, Hutu oder Twa identifizierten (die Pygmäen bilden die dritte Gruppe des Landes). Da man einen Hutu aufgrund seiner äußeren Merkmale oder seiner Sprache kaum von einem Tutsi unterscheiden konnte, wählte man den Viehbesitz als ethnisches Unterscheidungskriterium: die Anzahl der Rinder, die jemand sein Eigen nannte. Tatsächlich war in der lokalen Bevölkerung der Besitz von Rindern ein Indiz für soziales Ansehen. Davon ausgehend, dass nur Angehörige der »Rasse« der Tutsi eine größere Zahl von Rindern besitzen konnten, machten die Belgier daraus ein Kriterium der ethnischen Zugehörigkeit: Alle Familien mit zehn oder mehr Rindern wurden als Tutsi betrachtet, wer weniger oder gar keine Rinder besaß, als Hutu. Und zwar definitiv, denn diese Ausweise wurden auch nach dem Ende der Kolonialzeit beibehalten. Mit ihrer Hilfe konnten die Soldaten der beiden Kriegsparteien feststellen, wen sie zu töten und wen zu verschonen hatten. Und dies alles auf der Grundlage einer erfundenen Tradition, die sich das kollektive Gedächtnis der Tutsi und Hutu fatalerweise angeeignet hatte.

# 10

## Erinnern, um zu vergessen: der Tourismus

Ich möchte diese Überlegungen mit einem Thema abschließen, das weit weniger dramatisch ist als der Krieg, von dem Ruanda gegen Ende des 20. Jahrhunderts heimgesucht wurde: dem Zusammenhang zwischen Tourismus und kulturellem Gedächtnis. Wie eng beides miteinander verknüpft ist, möchte ich am Beispiel einer Korsika-Reise illustrieren, die ich vor einiger Zeit unternommen habe. Was ich dort bei einem Besuch des Städtchens Corti erlebt habe, veranschaulicht ein weiteres, in unserer Gesellschaft mit Tradition und Wurzeln zusammenhängendes Paradox.

Ich war nach Corti gefahren, um den Ort zu sehen, wo die Unabhängigkeit der Insel ihren Ursprung hat. Hier wurde die erste korsische Verfassung geschrieben, nachdem Gian'Pietru Gaffòri 1753 zum Staatsoberhaupt gewählt worden war. Und nach Gaffòris Ermordung war Corti in der Zeit der Unabhängigkeit unter Pasquale Paoli (1755–1769) die Hauptstadt Korsikas. Paoli war ein Held der Aufklärung, Schüler des italienischen Philosophen Antonio Genovesi und ein von Jean-Jacques Rousseau bewunderter Staatsmann. Ich wusste sogar, dass Paoli in Corti die erste korsische Druckerei und vor allem eine Universität ins Leben gerufen hatte, bevor sie von den Franzosen für lange Zeit geschlossen wurde. Kurzum, ich stellte mir vor, einen Ort zu erleben, an dem, um die bekannte Metapher zu benutzen, das heutige Korsika seine Wurzeln hat.[1] Aber es kam anders.

Ich betrat eine – vor allem im ältesten Teil – touristische Stadt, auf deren Hauptstraße und wichtigsten Plätzen sich ein Restaurant an das andere reihte, alle mit »typischen« Gerichten. Es gab Läden, in denen gleichfalls typische Lebensmittel verkauft wurden, in China hergestellte Messer, auf deren Klinge der Schriftzug *Vendetta corsa* (»korsische Rache«) eingraviert war, Schneidbretter und Schalen aus Olivenholz, wie man sie auch in Málaga oder im Chianti kaufen kann. Auf dem nach Pasquale Paoli benannten Platz in der Unterstadt war das Denkmal des Helden von kreuz und quer geparkten Motorrädern umstellt. Der kleine Platz in der Oberstadt wiederum, der Gian'Pietru Gaffòris Namen trägt, war ganz von den Tischen und Stühlen der umliegenden Bars und Restaurants in Beschlag genommen. Der Statue des Generals in der Mitte des Platzes konnte man sich nicht nähern. Man konnte sie nicht einmal sehen, wollte man nicht riskieren,

Sonnenschirme umzustürzen oder einem der zahlreichen Deutschen, die ahnungslos ihr Eis schleckten, auf die Füße zu treten. Zwischendurch zuckelte ein grüner Minizug im Disneyland-Stil mit Plastiklokomotive und -waggons vorbei, der Karawanen von ausländischen Touristen die wenigen engen Gassen des Städtchens hinauf und hinunter karrte. Sie waren entschlossen, möglichst alles zu fotografieren, ohne genau zu wissen, warum. Unter dem Aspekt des kulturellen Gedächtnisses jedenfalls war mein Besuch in Corti enttäuschend. Um wenigstens eine Ahnung von der Vergangenheit dieses Städtchens zu bekommen, musste ich mich ins Museum begeben, das in der Zitadelle untergebracht war. Und wie so oft war auch hier die Tradition hinter Ticketschaltern, Wärtern, Schaukästen und Mauern verschanzt.

Ich sah mich also mit der paradoxen Situation konfrontiert, dass sich ein Erinnerungsort aufgrund seiner Bedeutung als Ort der Erinnerung in einen Ort des Vergessens verwandelt hatte. Dieses Schicksal teilt Corti mit vielen anderen Städten Italiens und Europas, die gleichfalls stark von der Tradition geprägt sind. Wenn das korsische Städtchen die Inselbesucher von den sommerlichen Stränden weglocken konnte, dann deshalb, weil es eine Aura der Geschichte und Kultur besaß, der es sich mal mehr, mal weniger bewusst war. Das Paradoxe jedoch lag darin, dass die Anziehungskraft, die Corti aufgrund seiner Geschichte und Kultur auf Besucher ausübte, dieser reizvollen Vergangenheit zum Nachteil gereichte. Die Erinnerungen, die in den Steinen der Zitadelle, den Denkmälern der beiden *genii loci* und dem mit Einschusslöchern genuesischer Kugeln übersäten Wohnhaus Gaffòris bewahrt waren, hatten ein regelrechtes Karussell der Betriebsamkeit in Gang gesetzt. Die durch das Städtchen ziehenden Menschenströme schenkten diesen Monumenten der Erinnerung keine Aufmerksamkeit. Die Geschichte verschwand hinter einer Barriere aus Eiscreme, Minizügen und korsischen Vendetta-Messern made in China. Mit dem Tourismus als Geburtshelfer hat die kulturelle Erinnerung ihr eigenes Vergessen hervorgebracht.

# Teil II

## NEUE FRAGEN ZU DEN WURZELN

## 11

## Heimat: Kebab und Kichererbsenfladen

Vor einiger Zeit sprach ich mit ein paar Freunden darüber, wie sehr sich Livorno verändert hat, die Stadt, in der ich aufgewachsen bin. Ich bezog mich insbesondere auf einen bestimmten Teil des historischen Stadtkerns an der Fortezza Nuova: die Piazza Garibaldi und die angrenzenden Straßen. Dieses Viertel des alten Livorno, in dem einst ausschließlich Fischer, Hafenarbeiter und Handwerker lebten, beherbergt heute viele Migranten.

Das Zusammenleben führte bereits in der Vergangenheit zu Konflikten, die sich im Moment offenbar beruhigt haben. Doch der Wandel ist unübersehbar: Kebab-Lokale und Geschäfte mit orientalischen Lebensmitteln anstelle der alten *tortai*, wo die von den Livornesen so innig geliebte *torta di ceci* gebacken wurde, eine Art Pfannkuchen aus Kichererbsenmehl. Auf den Straßen sieht man verschleierte Frauen. Schwarze umlagern das Denkmal des Helden zweier Welten. Am Sonntagnachmittag ist die Piazza von jungen Maghrebinern bevölkert, die ihre Autos waschen und dabei arabische Musik in voller Lautstärke hören. »Nun«, meinte einer meiner Freunde, »das müsste dich doch freuen, oder?«

Offensichtlich glaubte er, nachdem ich ein Buch mit dem Titel *Gegen die Wurzeln* geschrieben hatte, müsste ich über den Zustrom von Migranten und die damit einhergehenden Veränderungen meiner Stadt froh und nicht traurig sein. Die Frage war natürlich eine Provokation. Trotzdem (oder vielleicht gerade deshalb) habe ich mich gefragt: Freue ich mich eigentlich darüber?

## 12

## Anthropologie und Nostalgie

La forme d'une ville
Change plus vite, hélas! que le cœur
d'un mortel
(Baudelaire)

Die Gestalt einer Stadt
ändert sich schneller, ach! als das Herz
eines Sterblichen
(Baudelaire)

Natürlich nicht. In diesen Straßen bin ich als Kind mit meinem Vater spazieren gegangen. Er brachte mich zu einem Meeresfrüchte-Imbiss, wo man für fünfundzwanzig Lire eine Schüssel frisch gekochte Mies- und Venusmuscheln bekam. Später führte ich meine Tochter dorthin. Auch sie sollte die kleinen Straßen kennenlernen, die sprechende Namen trugen wie Via della Pina d'Oro (Pinienzapfenstraße), Via dei Terrazzini (Balkönchenstraße) oder Via dell'Oriolino (Straße der kleinen Uhr). Und ich erinnere mich, dass wir großen Spaß hatten. Es ist ein Viertel, mit dem ich emotional eng verbunden bin. Zu erleben, wie sehr es sich verändert hat, macht mir ganz gewiss keine Freude. Aber aus welchem Grund? Vielleicht weil die Piazza Garibaldi ihre »kulturellen Wurzeln« eingebüßt hat? Oder quält mich der Gedanke, einen Teil meines Lebens verloren zu haben, den ich im Livorno meiner Kindheit verkörpert sehe? Allerdings hätte ich dieses Livorno so oder so verloren. Denn wenn das Viertel um die Piazza Garibaldi nicht von Albanern, Arabern und Afrikanern in Beschlag genommen worden wäre, wäre es längst gentrifiziert wie so viele andere Viertel, und die reichen bürgerlichen Bewohner würden ihre SUVs auf dem Gehsteig parken. Und wenn es den Meeresfrüchte-Imbiss nicht mehr gibt, dann sind nicht die Kebab-Buden daran schuld, sondern die Umweltverschmutzung, der exorbitante Preisanstieg für Muscheln und wohl auch die EU-Richtlinien. Mit anderen Worten: der Lauf der Zeit.

Hier liegt einer der zahllosen Widersprüche, die die Vorstellung von »kulturellen Wurzeln« in sich birgt, besonders wenn sie mit »Identität« und »Tradition« verknüpft ist: Man verwechselt die individuelle mit der kollektiven Erinnerung, Anthropologie mit Nostalgie, Geschichte mit Politik. Oft wird darauf hingewiesen, dass der Begriff der »Wurzeln« politisch verwendet wird, die nostalgische Komponente hingegen wird meist unterschätzt. Zu Unrecht, wie ich meine. Wie wichtig dieser Aspekt ist, das belegen Äußerungen von Intellektuellen und Schriftstellern wie Michel Houellebecq oder Alain Finkielkraut, die heute aus sehr unterschiedlichen Positionen heraus die »Wurzeln« der französischen Kultur verteidigen. »Wieder Christen zu werden, das wäre für die Menschen so, als kehrten sie nach einer langen und beschwerlichen Zeit des Vagabundierens nach Hause zurück«, meinte Houellebecq. (Im Deutschen und Englischen ist »Nostalgie« gleichbedeutend mit »Heimweh«.) »Frankreich ist kein katholisches Land mehr, aber es war eines, und das stellt für uns alle eine Verpflichtung dar«, stimmte Finkielkraut ihm zu und brachte damit so etwas wie eine Ethik der Nostalgie ins Spiel. Houellebecq und Finkielkraut beklagen beide den Verlust des »Glaubens an das ewige Leben«.[1]

Nostalgie, die Sehnsucht nach der Vergangenheit, ist ein hehres Gefühl, ohne das, nebenbei gesagt, ein Großteil der modernen Lyrik gar nicht entstanden wäre. Vor allem aber ist es ein Gefühl, das bei dem, der es empfindet, hehre Empfindungen weckt; das belegt auch der Wunsch, Gedichte zu schreiben. Ich bezweifle jedoch, dass Nostalgie hilfreich sein kann, wenn es darum geht, die Geschichte oder soziale Prozesse zu verstehen. Tatsächlich haben sich, seitdem die Welt existiert, die Orte und die Kulturen der Bewohner dieser Orte unablässig verändert. Mal schneller und mal langsamer, gewiss. Doch nicht nur die Sitten und Gebräuche haben sich gewandelt, auch die Bevölkerungen haben sich miteinander vermischt. Religion, Ernährung und Kleidung sind der permanenten Veränderung unterworfen.

Die Römer, die ihre eigenen Götter verehrt haben, wurden zuerst als »Heiden« bezeichnet, bevor sie selbst »Christen« wurden. Nach der sogenannten Entdeckung Amerikas begann man, Brei aus Mais herzustellen und nicht mehr aus Emmer oder Spelt wie zuvor. Die Männer legten Tunika und Toga ab und fingen an, *bracae* zu tragen, Kniehosen, die zuvor die Tracht der Barbaren gewesen waren; Tunika und Toga überließ man dem Klerus als liturgische Gewänder. Aus der stoffreichen Pluderhose des 17. Jahrhunderts entwickelte sich die moderne, eng anliegende Röhrenhose. Und seit jeher hatte die ältere Generation Sehnsucht nach jenen Facetten ihrer Vergangenheit, die sie verloren hatte und die von den zahllosen Laufbändern der Geschichte fortgetragen wurden. Geschichte schreitet nicht in einer geradlinigen, genau vorgezeichneten Richtung fort. Sie ist aber, wie Eugenio Montale schrieb, auch nicht »die zerstörerische Raupe, für die man sie hält. Sie hinterlässt Unterführungen, Krypten, Löcher und Verstecke. Manch einer überlebt«.[2] Trotzdem: Die Kultur – die Art und Weise, in der jede neue Generation ihr Leben führt – verändert sich im Laufe der Zeit unvermeidlich. Gerade Livorno ist dafür ein anschauliches Beispiel.

Die Stadt wurde in der zweiten Hälfte des 16. Jahrhunderts von den Medici praktisch neu gegründet, als Francesco I., Großherzog der Toskana, den Architekten Bernardo Buontalenti mit der Planung beauftragte. Doch die Stadt verdankte ihre Entwicklung vor allem Ferdinando I., der zwischen 1591 und 1593 die Leggi Livornine erließ.[3] Diese Gesetze beinhalteten eine Reihe von Privilegien und Freiheiten, um »Kaufleute aus allen Ländern, Levantiner und Ponentiner, Spanier, Portugiesen, Griechen, Deutsche & Italiener, Juden, Türken und Mauren, Armenier, Perser & andere« anzulocken. Ihnen wurde Religionsfreiheit zugesichert, Straffreiheit (außer bei Mord und Falschmünzerei) und vor allem Schutz vor der Inquisition. Dies führte auch zu einem massiven Zustrom sephardischer Juden, die nach ihrer Vertreibung aus Spanien und Portugal Ende des 15. Jahrhunderts nun nach Livorno kamen, wo sich rasch eine bedeutende jüdische Kolonie entwickelte. Die Juden Livornos sprachen sogar einen eigenen Dialekt, das *bagitto* (mit Wörtern aus allen möglichen Sprachen), dessen produktive literarische Kraft erst in den Fünfzigerjahren des 20. Jahrhunderts endgültig versiegte. Livorno hatte im 16. und 17. Jahrhundert auch das unrühmliche Verdienst, die Stadt mit der größten Zahl von Sklaven zu sein. Im Hafen der Stadt lag die Flotte der Stephansritter, deren Hauptaufgabe es war, das Mittelmeer besonders gegen nordafrikanische Seeräuber zu sichern, und deren Galeeren von muslimischen Sklaven gerudert wurden. Außerdem gab es in Livorno viele Haussklaven. Im Jahr 1616 zählte die Stadt dreitausend Sklaven in öffentlichen und privaten Diensten, das entspricht 37 Prozent der Bevölkerung.[4]

Wenn also heute Araber und Schwarzafrikaner die Piazza Garibaldi bevölkern, so lebten lange vor ihnen im selben Viertel Zuwanderer aus zahllosen anderen Ländern. Mit anderen Worten: Die »Mauren« waren schon einmal hier, sie sind nur zurückgekehrt. Die Suche nach den »kulturellen Wurzeln« Livornos ist also so oder so ein schwieriges Unterfangen – es sei denn, man gibt sich damit zufrieden, dass sie sich in einer bunten Vielzahl von Völkern und Sprachen, religiösen Traditionen und Ernährungsgewohnheiten verlieren. Doch damit wären wir wieder auf der Piazza Garibaldi, die heute von Schwarzen, Rumänen und Maghrebinern bewohnt wird: so wie Jahrhunderte zuvor von den Mauren und den Griechen und gestern von Menschen aus Kampanien, die nach dem Zweiten Weltkrieg nach Livorno ausgewandert sind – was dazu führte, dass die kleinen Fischer eine Zeit lang *pozzolani* genannt wurden, Leute aus der kampanischen Hafenstadt Pozzuoli, die geschickt waren beim Fischfang und bei der Instandhaltung der Boote. Alle diese Menschen und Kulturen haben im Telefonbuch von Livorno ihre Spuren hinterlassen; man entdeckt darin viele spanische, portugiesische, jüdische und süditalienische Familiennamen. Ihre Spuren finden sich aber auch in der bedeutenden Synagoge, im jüdischen Friedhof und in den Gotteshäusern der verschiedenen christlichen Konfessionen (der Griechen, Armenier, Holländer und so weiter), die in dieser vom Krieg, aber auch von Bausünden verunstalteten Stadt entstanden sind und sich heute in einem beklagenswerten Zustand befinden. Zeugnisse dieser bewegten Kultur sind die Vorliebe der Livornesen für in Tomatensauce gekochten Fisch (eine Zubereitungsart, die angeblich die spanischen Juden mitbrachten) und die *roschette*, die gleichfalls iberischen Ursprungs sind. Die köstlich schmeckenden salzigen, knusprigen und fettigen Gebäckkringel, die diesen Namen wirklich verdienen, gibt es in Livorno heute nur noch in einer einzigen Bäckerei. Die anderen haben entweder die Produktion eingestellt oder produzieren *roschette* von schlechter Qualität. Aber daran sind ganz bestimmt nicht die Araber und ihr Kebab schuld. Schuld ist die Zeit, die den Fehler hat, dass sie nicht stehen bleibt.[5]

Auf der Piazza Garibaldi könnte ich also *meine persönlichen* Wurzeln suchen, die Wurzeln meiner Kindheit. Sie liegen in jener Schicht der Historie und der Kultur dieser

Stadt, die ich als Kind und Heranwachsender kennengelernt habe, die tatsächlich jedoch nur eine von zahllosen einander überlagernden Schichten ist. Für Angehörige anderer Generationen besitzt all das, was für mich wertvolle Erinnerungen sind, nur noch eine geringe und in Zukunft überhaupt keine Bedeutung mehr. Vielleicht wird es eines Tages ältere maghrebinische Livornesen geben, die den Zeiten nachtrauern, in denen auf der Piazza Garibaldi junge Leute (sie selbst) ihr Auto wuschen und dabei arabische Musik hörten, die längst aus der Mode gekommen ist. Wie auch dieses Beispiel zeigt, führt die Beschwörung von Wurzeln lediglich zur Verwechslung von individuellen mit kollektiven Erinnerungen, von Anthropologie mit Nostalgie. Schlimmer noch: von Geschichte mit Politik, wenn man zur Verteidigung der »Wurzeln« aufruft und die mit der Einwanderung entstehenden Probleme instrumentalisiert, um Wählerstimmen zu gewinnen.

Meinem Freund, der mich mit seiner Frage in Verlegenheit bringen wollte, hätte ich, um Missverständnissen vorzubeugen, noch sagen können, dass ich die Probleme keineswegs verkenne. Natürlich schafft die beschriebene Entwicklung – das »Aufpfropfen« neuer Gruppen auf die bereits vorhandene Bevölkerung, das Miteinander alter und neuer Kulturen – Unbehagen und Konflikte. Eine solche Situation kann schwierig sein, für die Bewohner ebenso wie für die öffentliche Verwaltung und die Politik. Noch schwieriger wird es, wenn Frauen und Männer anderer Kulturen und Nationalitäten in Häusern untergebracht werden, die einst alteingesessenen Bewohnern gehört haben; oder wenn sich die öffentlichen Plätze und Parkanlagen einer Stadt mit Menschen bevölkern, die keine Bleibe haben; wenn sich bekannte Orte in »Nicht-Orte« verwandeln, wo nur noch Elend und Ausgrenzung herrschen. Ich hätte meinem Freund auch noch sagen können, dass angesichts solcher Probleme die Rhetorik von der »glücklichen und fruchtbaren Begegnung der Kulturen« fehl am Platz ist. Die andere Rhetorik jedoch, die Beschwörung der Wurzeln, ist nicht nur fehl am Platz, sie verhindert auch das Verständnis für die Probleme, die zu lösen sind.

# 13

## Kulturelle Wurzeln

»Wie kann es sein, dass ausgerechnet du als Kulturwissenschaftler gegen kulturelle Wurzeln anschreibst?« Das ist die zweite Frage, die mir mein Freund hätte stellen können. Auf den ersten Blick scheint dies tatsächlich ein Widerspruch zu sein, wenn nicht ein Paradox. Wer sich für Kulturen interessiert und sie sogar zum Gegenstand seiner Untersuchungen macht, müsste doch darauf bedacht sein, dass diese Kulturen ihre »Identität«, wie man zu sagen pflegt, bewahren: dass ihre »Wurzeln« geschützt werden, vor allem dann, wenn ihr Wert und ihre Bedeutung nicht mehr so offenkundig sind. Um diese Frage zu beantworten und diese (scheinbar) widersprüchliche Haltung zu erklären, gilt es zunächst einmal zu differenzieren. Denn tatsächlich kann man Kulturen aus zwei sehr unterschiedlichen Blickwinkeln betrachten.

Man kann sich – zum einen – deshalb mit ihnen beschäftigen, weil man sie für ein wertvolles Gut hält und überzeugt ist, dass jede Kultur humane und soziale Lebensentwürfe hervorgebracht hat, die es verdienen, beschrieben und untersucht zu werden: weil sie originell sind und weil sie, selbst bei oberflächlicher Kenntnis, helfen, die eigene Kultur besser zu verstehen, und uns daran hindern, sie als die bestmögliche zu verabsolutieren. Diese Verabsolutierung des Eigenen ist ein Kennzeichen von Provinzialismus. Wie Fernando Pessoa 1928 schrieb, gibt es

> für den Provinzialismus nur eine Therapie: zu wissen, dass er existiert. Der Provinzialismus lebt davon, dass er sich seiner selbst nicht bewusst ist; dass wir uns für zivilisiert halten, obwohl wir es gar nicht sind, dass wir uns gerade aufgrund von Eigenschaften für zivilisiert halten, die verhindern, dass wir es sind.[1]

Um uns klarzumachen, dass ein solcher monokultureller Provinzialismus existiert – und um aufzuhören, uns für »zivilisiert« zu halten, obwohl wir es gar nicht sind –, gibt es kein anderes Heilmittel, keine andere »Therapie«, als andere Kulturen zu betrachten. Warum, ist leicht einzusehen: Schon aufgrund ihrer Vielzahl haben die Kulturen dieser Welt – oder die vielen Kulturen, die im Gang der Weltgeschichte einander abgelöst haben – einen Fundus an existenziellen und gesellschaftlichen Konzepten und Lebensentwürfen hervorgebracht, der größer ist als alles, was eine einzelne Kultur jemals hervorbringen könnte.

Das möchte ich am Beispiel der literarischen Erzählkunst darlegen.

Betrachtet man die Fülle von Geschichten, die in den verschiedenen Kulturen entstanden sind – und die manchmal unzutreffend als die »Mythologie« eines Landes bezeichnet werden –, wird sofort klar, dass keine einzelne, und sei sie noch so vielgestaltig, für sich allein den Reichtum, die Vielfalt und die Originalität dieser verschiedenen Erzähltraditionen in ihrer Gesamtheit erreicht. Die Märchen der Brüder Grimm sind eine Fundgrube von Geschichten, keine Frage. Will man aber mit der bizarren Figur eines allmächtigen, hilfreichen Geistes Bekanntschaft schließen, der in einer kleinen Wunderlampe steckt, muss man sich den *Geschichten aus 1001 Nacht* zuwenden, also der orientalischen Tradition. Die List dessen, der erklärt, sein Name sei »Niemand« – was dazu führt, dass dessen Opfer gutgläubig ausruft: »Niemand will mich töten!« –, lernt man nur in der *Odyssee* kennen. In den russischen Volksmärchen wiederum stößt man auf eine Figur, die so dumm ist, dass sie gerade deshalb die abstrusesten Rätsel lösen kann. Und in den skandinavischen Märchen gibt es Zwerge, die Menschen nachahmen, nur dass sie alles verkehrt herum machen, als lebten sie hinter einem Spiegel; weshalb sie, wenn sie eine Frage beantworten, einfach nur die Reihenfolge der Wörter des Fragesatzes umkehren.

Die Liste könnte man beliebig fortsetzen. Je mehr man im Buch der sogenannten »Mythologien« blättert, desto mehr staunt man über die erzählerische Fantasie, die sich darin offenbart. Das Beispiel lässt sich auf alle anderen Bereiche der kulturellen Produktion übertragen: auf Religion, Familie, Verwandtschaftsbeziehungen, Kunst, Ernährung, Recht und so weiter. Dann wird man schnell feststellen, dass die Kulturen in ihrer Gesamtheit ein Gut von hohem Wert darstellen. Jede von ihnen hat in jedem der genannten Bereiche eigenständige »kulturelle Erfindungen« hervorgebracht,[2] die, selbst wenn man sie nur bruchstückhaft oder mittelbar kennenlernt, die eigene Sicht der Welt erweitern. Sie erlauben es, uns »Tausende von entgegengesetzten Lebensformen vorzustellen und für gut zu befinden«, wie Michel de Montaigne sagte.[3]

Über diese Vielfalt an Lebensformen kann man nur staunen. Man kann aber auch anfangen, bestimmte Aspekte der eigenen Kultur infrage zu stellen, die man bisher als naturgegeben hingenommen hat. Man kann sich von diesen Modellen inspirieren lassen und sie übernehmen, wie es, auch in Italien, mit Religionen, Philosophien und bestimmten fernöstlichen Praktiken geschehen ist. Man kann sie aber auch auf Abstand halten, sobald man sie besser kennengelernt hat. Kulturen bieten ein breites Spektrum an Möglichkeiten. Zu erleben, dass sie an Kraft verlieren oder sogar verschwinden, weckt bei denen, die sie lieben und wertschätzen, ein wehmütiges Gefühl des Verlustes, ja der Trauer. Es ist fast wie der Zusammenbruch einer Bibliothek oder gar eine Bücherverbrennung. Allerdings darf man nicht der Versuchung erliegen zu glauben, die Kulturen, die wir als traditionell erachten, würden bei ihrem Kontakt mit der sogenannten Moderne »sterben« oder »zersetzt werden«. Sie tendieren vielmehr dazu, sich neu zu artikulieren und neue Formen hervorzubringen, die kennenzulernen sich gleichfalls lohnt.[4]

Der zweite Blickwinkel, unter dem man Kulturen betrachten kann, ist die Beschwörung »kultureller Wurzeln«. Wer dies tut, interessiert sich nicht für andere Kulturen, sondern einzig und allein für die eigene. Die kulturellen Wurzeln, auf die man sich beruft, sind stets *die unsrigen*, und die Konsequenz ist Abschottung und Abwehr, wenn nicht sogar Feindseligkeit. Andere Kulturen werden als Gefahr für den Erhalt der eigenen Kultur (oder vielmehr einer Kultur, die man für die eigene hält oder halten möchte) betrachtet, die überfremdet zu werden droht. Wer sich für Kulturen interessiert, liebt die *Differenz*, wer Wurzeln propagiert, sucht die *Identität*. »Das sind unsere *Wurzeln* [...], das ist unsere *Identität*«, heißt es dann.

Diese beiden Betrachtungsweisen von Kultur sind einander diametral entgegengesetzt. Die eine versteht das Phänomen und den Begriff »Kultur« im Plural, die andere im Singular. Die eine als etwas Offenes, die zweite als Mittel der Abschottung. Die eine blickt zuerst nach außen und dann nach innen, die zweite beeilt sich, den Blick nach innen zu richten. Und aus diesem Grund wird keiner, der sich mit Kulturen beschäftigt, die Beschwörung ihrer Wurzeln gutheißen, die geradezu das Gegenteil dessen darstellen, woran er glaubt.

## 14

## Ursprung und Reinheit

Die Wurzelmetapher beinhaltet zwangsläufig Vorstellungen von Authentizität, Unverfälschtheit und Reinheit. Als gäbe es eine »ursprüngliche« Erscheinungsform von Kultur, die »vor« allen anderen, zerstörerisch wirkenden Kulturen existiert hat. Diese Grundeinstellung prägte auch die Klassische Altertumswissenschaft im 19. und 20. Jahrhundert.

Über viele Jahrzehnte hinweg bedeutete das Studium der antiken Kulturen nicht nur die Beschreibung dessen, wie die Griechen oder Römer Religion, Literatur, bildende Kunst und so weiter verstanden und praktizierten. Man wollte »ursprüngliche Formen« dieses kulturellen Schaffens zutage fördern und das authentisch Griechische oder Römische von fremden »Einflüssen« *trennen*, denen, wie man glaubte, diese kulturellen Formen im Laufe der Zeit unterworfen gewesen waren. Die deutschen Romantiker, vor allem Friedrich Schlegel, wollten das antike Griechenland und das griechische Volk zum Urmodell der Zivilisation, der Kunst und der Schönheit machen. Sie erforschten und bewunderten die Kunst, Literatur und Philosophie der Griechen und traten mit Phidias, Homer und Platon als den unübertroffenen Lehrern der Zivilisation in einen ideellen, ja mythischen Dialog. Zugleich waren sie bestrebt, im griechischen Volk jene ethnische und kulturelle Komponente zu entdecken, die ihrer Ansicht nach »am reinsten griechisch«, am ursprünglichsten war. Man glaubte sie bei den Dorern zu finden, die »unter allen Griechenstämmen das althellenische Leben am treusten bewahrten und am reinsten darstellten«,[1] im Unterschied zu den Ioniern, die eher als »orientalisiert« galten. Eine – auch politisch – alles andere als harmlose Ansicht. Ende des 19. Jahrhunderts konnte man die Dorer als echte Arier präsentieren, als Volk aus dem Norden, das mit den Deutschen bluts- und wesensverwandt sei. Auch bei den Ideologen des Dritten Reiches standen die Dorer hoch im Kurs.[2] Derartige Fragestellungen (wer waren die »echten« Griechen? wie sah ihre Kultur aus, bevor sie unter orientalischen Einfluss geriet?), Hypothesen und Mutmaßungen hatten jedoch mit einer wissenschaftlichen Erforschung Griechenlands nichts zu tun, sondern führten zu einer Zergliederung der griechischen Kultur. »So ist denn Trennen ein Hauptgeschäft des Mythologen«, schrieb Karl Otfried Müller, der Schöpfer der sogenannten »wissenschaftlichen Mythologie«.[3] Aber warum trennen? Um die primitiven Formen – und damit erneut die »Wurzeln« – der mythischen Erzählungen und religiösen Formen zu definieren.

Genau besehen ist auch dieses Verständnis von Kulturen nur der Ausdruck einer Nostalgie, einer Sehnsucht nach der Vergangenheit. In diesem Fall jedoch nicht nach einer persönlichen, sondern nach einer kollektiven Vergangenheit, mit der sich die Gelehrten nur allzu gern identifizierten: einer griechischen – oder auch arischen, indoeuropäischen – Vergangenheit. Sie galt als unverfälschter, reiner und echter als andere Epochen der griechischen Kultur, die, wie man glaubte, unter orientalischem Einfluss zunehmend »entarteten«. Man darf allerdings nicht vergessen, dass in jenen Jahren auch die Europäer selbst – die Zeitgenossen Karl Otfried Müllers und anderer Gelehrter, die von solchen ursprünglichen Formen der Kultur fasziniert waren – sich gern als »rein« betrachteten, frei von orientalischen oder semitischen Einflüssen. Auch sie fühlten sich als Angehörige einer unverfälschten indoeuropäischen Rasse. Sie verwechselten – im besten Fall – Anthropologie mit Nostalgie oder – im schlimmsten Fall – mit Politik.

Um es noch einmal zu sagen: Die Suche nach etwas Eigenem und Ursprünglichem impliziert zwangsläufig Vorstellungen wie Authentizität, Unverfälschtheit und Reinheit – Qualitäten, nach denen auch die heutigen Verfechter kultureller Wurzeln suchen, um sich nach außen abzuschotten. Nur dass es gegenwärtig nicht mehr semitische oder orientalische, sondern allgemein »islamische« oder in anderer Weise fremde Einflüsse sind. Kulturen jedoch, moderne ebenso wie antike, sind komplexe Organismen, die sich stetig verändern. Sie sind keine Museen mit ausgewählten (und oftmals einbalsamierten) Relikten der Vergangenheit, wie es die Verteidiger kultureller Wurzeln gern hätten. Doch die Frage lautet: Wer hat das Recht oder die Autorität, jene Objekte auszuwählen, die in einem solchen Museum ausgestellt werden? Und nach welchen Kriterien werden diese Objekte auf Kosten anderer bevorzugt?

## 15

## Museale Wurzeln

Einen Tag nach dem »Family day« in Rom 2015, einer Großdemonstration gegen die Ehe für alle und gegen moderne Gendertheorien, stand ein Interview mit einem bekannten italienischen Politiker in der Zeitung, der gleichfalls gegen die Gleichstellung eingetragener Lebenspartnerschaften mit der bisher allein rechtsgültigen Ehe auf die Straße gegangen war.[1] »Sie glauben also«, wurde er gefragt, »dass Italien ein Sonderfall bleiben sollte?« Eine berechtigte Frage, hatte sich doch sogar das erzkatholische Irland per Volksentscheid für eine Gleichstellung von zivilen Partnerschaften ausgesprochen. Die Antwort des Politikers lautete: »Italien ist ein Sonderfall, das hat schon Papst Johannes Paul II. gesagt. Seine kulturellen Wurzeln müssen geschützt und verteidigt werden.« Vielleicht gab der begrenzte Platz, der in der Zeitung für das Gespräch zur Verfügung stand, dem Interviewten keine Möglichkeit, seine Ansicht klarer zu artikulieren. Dennoch verblüfft dieser Verweis auf nicht näher bestimmte

»kulturelle Wurzeln« zur Begründung eines angeblichen »Sonderfalls Italien«. Welche Wurzeln sollten das sein? Und wie sollte man sie aus der Vielzahl der infrage kommenden Wurzeln herausfiltern? Die »italienische Kultur« ist nicht nur ein wahrer Ozean historischer Erfahrungen, Gesetzesbestimmungen, Gepflogenheiten, Denk- und Lebensweisen. Sie hat auch eine jahrhunderte- und jahrtausendealte Geschichte hinter sich, in der alles Mögliche gedacht wurde und alles Mögliche geschehen ist. Die folgende Episode ist vor allem im Zusammenhang mit dem »Family day« und der Ehe für alle bemerkenswert.

Gegen Ende des 16. Jahrhunderts gründete eine Gruppe von Spaniern und Portugiesen in Rom eine seltsame Bruderschaft, die in der Kirche San Giovanni a Porta Latina zusammenkam. Zeitgenössischen Quellen zufolge (darunter Michel de Montaignes *Tagebuch der Reise nach Italien*)[2] feierten sie nicht nur die Messe und empfingen die Kommunion, lasen das Evangelium, lebten und schliefen zusammen, sie schlossen auch die Ehe zwischen »Mann und Mann« nach den Ritualen der katholischen Kirche. Es gab also bereits vor mehr als vierhundert Jahren Menschen, die – wenngleich in aller Stille – ein Recht für sich reklamierten, das heute in vielen Ländern, von den Vereinigten Staaten bis Europa, gleichgeschlechtlichen Männern und Frauen zuerkannt wird. Die Demonstranten des »Family day« bekämpfen dieses Recht, obwohl der Europäische Gerichtshof für Menschenrechte in Straßburg Italien zur Anerkennung gleichgeschlechtlicher Partnerschaften aufgefordert hat. Es sei ein Verstoß gegen das Menschenrecht auf Schutz des Privat- und Familienlebens, wenn homosexuelle Partnerschaften rechtlich nicht anerkannt würden. Dass die Ehe für alle bereits im 16. Jahrhundert vorweggenommen wurde, liefert also Stoff zum Nachdenken, ganz besonders heute, da dieses Thema eine solche Brisanz gewonnen hat. Man darf allerdings nicht verschweigen, dass die Episode von San Giovanni a Porta Latina damit endete, dass acht dieser Männer zum Tod auf dem Scheiterhaufen verurteilt wurden.[3]

Liegen hier die »kulturellen Wurzeln«, die den »Sonderfall Italien« hinsichtlich gleichgeschlechtlicher Partnerschaften begründen? Mit Sicherheit wäre keiner der Teilnehmer des »Family day« bereit, dies zu bejahen. Aber warum eigentlich nicht? Verhaltensweisen und Ereignisse wie dieses – der Tod auf dem Scheiterhaufen für den Vollzug der gleichgeschlechtlichen Ehe – sind genauso Teil der »italienischen Kultur« wie die Eheschließung von Männern und Frauen nach katholischem Ritus. Handelt es sich denn nicht um zwei Seiten einer Medaille, von denen die eine als »kulturelle Wurzel« bejaht, die andere aus Bequemlichkeit oder schlicht Ignoranz verschwiegen und verdrängt wird? Es besteht kein Zweifel, dass der Politiker, von dessen Interview wir ausgegangen sind, unter

Berufung auf Papst Johannes Paul II. und den »Sonderfall Italien« insbesondere die christliche Tradition meinte, von der Italien geprägt sei. Aber noch einmal: Wie kann man so genau identifizieren, was christliche Tradition ausmacht? Anders gesagt: Wer entscheidet, was Teil dieser Tradition ist und wodurch sie sich auszeichnet?

Greifen wir aus tausend möglichen Beispielen Bernardino degli Albizzeschi heraus, besser bekannt als der heilige Bernhardin von Siena. Forscht man in der Überlieferung zu diesem Heiligen nach, stößt man schnell auf das fromme Bild eines Mannes, der während der Pest des Jahres 1400 »die Kranken im Ospedale della Scala in Siena aufopferungsvoll pflegte und sich während der ganzen Zeit des Wütens dieser Seuche dort um sie kümmerte«.[4] Doch mit welchem Recht klammern wir aus der Überlieferung das weit weniger fromme Bild desselben Bernhardin aus, der – gleichfalls in Siena und nur wenige Meter von dem heilwirkenden Hospital entfernt – damit prahlte, »dem Herrgott ein wenig Weihrauch« entfacht zu haben, als er dazu beitrug, Hexen und Magier zum Tod auf dem Scheiterhaufen zu verurteilen?[5] Barmherzigkeit und Gewalt, Mitgefühl und Grausamkeit finden sich in ein und derselben Person – nur dass die »kulturelle Tradition« jene Eigenschaften in den Vordergrund gestellt hat, die zu einem Heiligen passen, und andere, weniger passende, verdrängt hat.

Angesichts so bedeutsamer Fragen des sozialen Lebens, wie es die Rechte gleichgeschlechtlicher Paare sind – Fragen, die die Gefühle, die Freiheit, ja das Leben von Menschen berühren –, erscheint es besser, Entscheidungen auf der Basis von Recht und Gesetz und nicht auf der Basis vermeintlicher »kultureller Wurzeln« zu treffen. »Kulturelle Wurzeln« sind viel zu flexibel, viel zu verschlungen und viel zu veränderlich, als dass sie für derart wichtige Entscheidungen ein tragfähiges Fundament sein könnten.

# 16

## Hellenische Wurzeln

Während der zahllosen aufeinanderfolgenden Phasen der jüngsten Griechenland-Krise wurde unermüdlich das antike Hellas beschworen. In Italien erinnerte man an Griechenland als Heimat der Philosophen Platon und Aristoteles, das somit Quelle und Ursprung des abendländischen Denkens sei, vor allem aber auch das Mutterland der Demokratie. Das demokratische Europa habe Griechenland zu viel zu verdanken, als dass es das Recht besitze, die Griechen zu demütigen. Griechenland habe im Gegenteil Hilfe und Unterstützung verdient. Um dies zu untermauern, erinnerte man sogar an das Opfer des Leonidas in der Schlacht bei den Thermopylen und an den Sieg bei Marathon – als wären diese Orte das Bollwerk Europas zur Abwehr der orientalischen Tyrannei gewesen. Was wäre aus uns geworden, wenn es damals den Griechen nicht gelungen wäre, die Perser aufzuhalten? Unser Kontinent wäre womöglich zu einer orientalischen Provinz geworden. Wer so argumentiert, vergisst, dass kaum hundertfünfzig Jahre später die Griechen unter Alexander dem Großen ihrerseits das Perserreich überfielen – bestimmt nicht, um den Persern die Demokratie zu bringen.

Aber nicht nur Italien, auch Frankreich gab sich philhellenisch. In einem der vielen Momente, da es schien, als hätten die beiden Seiten endlich eine Einigung erzielt, twitterte der französische Premierminister Manuel Valls auf Griechisch: »Europa ist Griechenland!« Und in einer Diskussion über Probleme, die in sein Ressort fielen, zögerte Wirtschaftsminister Emmanuel Macron nicht, Aristoteles zu zitieren.[1] Wie man sieht, spielte also auch in der Griechenland-Krise das Thema der »kulturellen Wurzeln«, in diesem Fall der hellenischen, eine wichtige Rolle. Jenen Ländern, die sich, wie Italien und Frankreich, offener für eine Griechenland-Rettung aussprachen, diente das Paradigma des antiken Hellas, dem Europa kulturell viel zu verdanken habe, als Argument dafür, das heutige Griechenland zu unterstützen.

Diese Wiedergeburt oder vielmehr Wiederentdeckung der »hellenischen Wurzeln« Europas muss jeden freuen, der die griechische Kultur und die antike Kultur allgemein liebt. Es ist erfreulich, dass die alten Griechen nicht verschwunden, sondern in unserem Gedächtnis immer noch präsent sind, trotz des großen zeitlichen Abstands, trotz der dramatischen Kürzung des humanistischen Sprachunterrichts in den schulischen Lehrplänen und trotz einer generellen Krise der humanistischen Kultur. Versuchen wir aber einmal, jene »hellenischen Wurzeln«, die in dieser Debatte besonders oft beschworen wurden, etwas genauer unter die Lupe zu nehmen: die der »Demokratie«. Insbesondere Athen, so wurde immer wieder betont, habe das Idealmodell geliefert, und von den Griechen habe die Staatsform (*demokratía*), bei der die »Gewalt« oder vielmehr die »Macht« (*krátos*) in den Händen des »Volkes« (*démos*) liegt, ihren Namen. Haben also die Griechen und besonders die Athener die Demokratie »erfunden«? Besitzen sie sozusagen das Patent dafür? Wer dies bejaht, ignoriert die historiografische Debatte über die hellenische Demokratie, die mindestens seit dem 18. Jahrhundert geführt wurde: die Frage nach deren wechselvollem Geschick in der griechischen Geschichte und in den von der griechischen Kultur geprägten Städten; die Frage, ob und bis zu welchem Punkt diese antiken Institutionen der Volksherrschaft den Vorstellungen entsprechen, die man sich in der Moderne von der Demokratie gemacht hat; und schließlich auch die Frage, ob man eine Regierungsform, von der Frauen, Fremde und Sklaven ausgeschlossen waren, tatsächlich als »demokratisch« bezeichnen kann.[2] Für unseren Zusammenhang ist besonders folgender Aspekt bedeutsam: Wenn man für die modernen Demokratien hellenische Wurzeln reklamiert, geht man mehr oder weniger davon aus, dass alle anderen Völker, die bis dahin existierten, unter einer monarchischen oder tyrannischen Herrschaft standen – Staatsformen, so primitiv und unzivilisiert, dass sie keiner Erinnerung wert sind. Erst im Kontakt mit dem Westen, dem einzigen legitimen Erben des griechischen »Wunders der Demokratie«, hätten sie demzufolge die Demokratie erlangt.

Diese Version einer Geschichte der Demokratie ähnelt in gefährlicher Weise der Heilsgeschichte: Demnach ist an einem bestimmten Ort der Welt (diesmal nicht in Bethlehem, sondern in Athen) das »Wort« Versammlung geworden, um der Welt den leuchtenden Weg der demokratischen Institutionen zu weisen. Doch das ist Theologie, eine Theologie der einen und einzigen wahren Demokratie. In Wirklichkeit gab es viele verschiedene Formen der »Volksherrschaft«, bei denen eine Versammlung von Bürgern über die gemeinsamen Angelegenheiten entschied. Einen einzigen, geradlinigen Weg zur Demokratie gab es nicht. So erzählt der griechische Geschichtsschreiber Herodot, der persische Feldherr Mardonios habe Anfang des 5. Jahrhunderts v. Chr. in den ionischen Städten alle Tyrannen abgesetzt und die *demokratía* eingeführt: ein Schritt, den man sich von einem Vertreter der »persischen Despotie« gewiss nicht erwartet hätte; Herodot schreibt, die Griechen würden staunen, wenn sie das hörten.³ Nachfolgend ein paar Beispiele für Formen der Volksherrschaft, die vom griechischen Modell zeitlich und räumlich weit entfernt sind.

Als im 12. Jahrhundert Städte wie Siena, Pisa oder Arezzo Versammlungen ins Leben riefen, die mit politischer Macht ausgestattet waren – und Namen trugen wie *parlamentum*, *concio* oder *commune colloquium* –, hatten deren Bürger bestimmt nicht Thukydides gelesen. Dennoch hatten Anfang des 13. Jahrhunderts die an dieser Versammlung teilnehmenden Sienesen die Macht, den Podestà *ad clamorem* zu wählen, durch Akklamation. Und ein paar Jahrzehnte später ernannten sie die Dreihundert, die einen kommunalen Rat bildeten.⁴

Auch die Kosaken, die im 16. und 17. Jahrhundert Versammlungen gründeten, an denen alle männlichen Mitglieder der Gemeinschaft teilnehmen konnten, hatten gewiss noch nie etwas von Solon, Kleisthenes oder Perikles gehört. Dieses Gremium besaß unumschränkte Macht. Ihm oblagen militärische (für die kriegerischen Kosaken von besonderer Bedeutung) und diplomatische Entscheidungen, die Wahl der Oberhäupter und der wichtigsten Amtsträger sowie die Verteilung aller Ressourcen, von der Kriegsbeute bis hin zu Viehweiden und Ackerland. Die Kosaken kannten eine Form der Demokratie, die – wie die griechische Demokratie oder die Demokratie der modernen europäischen Staaten – über einen Versammlungsort verfügte, an dem die Entscheidungen über Fragen von gemeinsamem Interesse getroffen wurden: den »Kreis« oder *krug*, wie es die russischsprachigen Kosaken nannten.[5]

Die antiken Griechen, die mittelalterlichen Toskaner, die Kosaken des 16. und 17. Jahrhunderts und viele andere Kulturen haben unabhängig voneinander ähnliche Formen der politischen Organisation entwickelt. Ein anderes, weniger bekanntes Beispiel ist die politische Praxis der Ochollo im südwestlichen Äthiopien, die der Anthropologe Marc Abélès Mitte der 1970er-Jahre beobachten konnte. »Ich war sofort fasziniert von den öffentlichen Orten, an denen Männer in weißen Togen stundenlang über Fragen von gemeinsamem Interesse diskutierten«, schrieb Abélès.[6] Er habe unwillkürlich an Griechenland denken müssen. Aber warum nicht auch an das alte Rom (schon allein wegen der »weißen Togen«), an die *comitia*, in der sich die *cives Romani* versammelten, um über die Vorschläge der Magistrate zu entscheiden? Tatsächlich kannte auch das republikanische Rom eine Form der »Demokratie« – auch wenn die Hellenomanie, die anlässlich der Griechenland-Krise um sich griff, diese altbekannte Tatsache in den Hintergrund drängte. Zurück zur Versammlung der Ochollo: Sie hatten die Macht, über Krieg und Frieden zu entscheiden, über die Schlichtung von Streitigkeiten, die Organisation des Rituals und die Regelung von Teilbereichen der lokalen Wirtschaft wie Bewässerung und kollektive Feldarbeit.

Wie können wir diese Formen der politischen Organisation sehr verschiedenartiger Kulturen nennen, die ähnliche Organe der Volksherrschaft hervorbrachten? Vielleicht »Demokratien, die nicht wissen, dass sie welche sind«? Eine vielleicht treffende Definition, wenn man einen Schuss Ironie hinzufügt. So banal es ist, aber man darf den Namen nicht mit der Sache verwechseln. Die Griechen haben zwar das *Wort* geprägt, mit dem wir diese Staatsform bezeichnen, aber das bedeutet keineswegs, dass sie auch alle Praktiken erfunden haben, die mit diesem Begriff verbunden werden. Allerdings wäre es meiner Ansicht nach Zeitverschwendung, die verschiedenen Formen der Volksversammlung gegeneinander abzuwägen – um womöglich nachzuweisen, dass »unsere« Griechen besser waren als die anderen. Ich halte es auch in diesem Fall für geboten, der *Differenz* gegenüber der *Identität* den Vorrang zu geben. Mit anderen Worten: Es erscheint mir sehr viel interessanter, alle diese verschiedenen Praktiken, einschließlich der griechischen, miteinander zu vergleichen, um die Ähnlichkeiten hervortreten zu lassen, die sie verbinden, und die Unterschiede, die sie trennen. Auf diese Weise gewännen wir Aufschluss über die Antworten dieser Kulturen auf Herausforderungen, vor denen auch die modernen westlichen Demokratien stehen: Wie wird festgelegt, welche Angelegenheiten von allgemeinem Interesse sind und welche nicht? Wer hat das Recht, an der Versammlung teilzunehmen, die über diese Angelegenheiten entscheidet – und wer ist überhaupt Teil der Gemeinschaft, die die Interessen artikuliert, und wer nicht? Wer sind die designierten Redner, und nach welchem Verfahren werden sie bestimmt? Wie soll der öffentliche Ort beschaffen sein, an dem die Versammlungen stattfinden? Nach welchen Modalitäten werden die politische Führung und der Beamtenstab gewählt? Anders gesagt, wir gewännen Aufschluss über die Beschaffenheit »dessen, was man ›das Politische‹ nennen könnte«.[7] Und: Nur keine Panik, wenn sich die »hellenischen Wurzeln« der modernen demokratischen Institutionen lockern, nachdem man das Spektrum der »Demokratie« derart erweitert und Griechenland das Monopol dafür abgesprochen hat.

Die bisherigen Ausführungen, so knapp sie auch waren, haben eines deutlich gemacht: Wenn man für die Demokratie »hellenische Wurzeln« reklamiert, blendet man – um Kontinuitäten und Ähnlichkeiten zu betonen – nicht nur jene Aspekte der antiken griechischen Institutionen aus, die dem modernen Verständnis von Demokratie widersprechen. Man ist auch gezwungen, alle anderen Formen der Organisation gemeinsamer Angelegenheiten zu ignorieren, die an vielen Orten und in vielen Kulturen entstanden sind. Doch damit verspielt man die Chance eines schwierigen, aber lohnenden *Vergleichs* zwischen antiken, modernen und »anderen« »Demokratien«. Wie Alexis de Tocqueville bemerkte, besteht ja »eine der merkwürdigsten Schwächen unseres Geistes darin, dass wir Gegenstände, selbst wenn sie sonnenklar vor uns liegen, nur dann beurteilen können, wenn wir einen anderen Gegenstand daneben halten«.[8]

# 17

## Kulinarische Wurzeln

In einer Kritik meines früheren Buches *Contro le radici* beendete Marcello Veneziani seine Ausführungen elegant mit einem Shakespeare-Zitat:

> Gold? Kostbar, flimmernd, rotes Gold? Nein, Götter!
> Nicht eitel fleh' ich. Wurzeln, reiner Himmel!

Und dann forderte der Rezensent seine Leser recht emphatisch auf: »Liebet eure Wurzeln.«[1]

War demnach auch der Dichter aus Stratford-upon-Avon ein Verfechter von »Wurzeln«? Neugierig geworden, machte ich mich auf die Suche nach dem Zitat. Veneziani hatte nicht angegeben, aus welchem Werk Shakespeares die Verse stammen. Sie sind dem vierten Akt, dritte Szene, der Tragödie *Timon von Athen* entnommen, wo es heißt: »Drum seid verabscheut, Gelage all', Gesellschaft, Menschendrang! [...] Erde, gib Wurzeln mir! Wer Bessres in dir sucht, dem würz' den Gaumen mit deinem schärfsten

Gift! Was find' ich hier? Gold? Kostbar, flimmernd, rotes Gold? Nein, Götter! Nicht eitel fleht' ich. Wurzeln, reiner Himmel!« Im Mittelpunkt steht Timon, der, von falschen Freunden enttäuscht, zum Misanthropen wird. Sie schmeicheln ihm, um zu seinen Festgelagen eingeladen zu werden. Aber Shakespeares Timon (wie schon der Protagonist in Lukians Dialog *Timon oder Der Menschenfeind*, wahrscheinlich eine Quelle für Shakespeares Drama) sucht nicht nach Wurzeln, weil er seine Identität definieren oder zu seinen Traditionen zurückfinden will. Er will sie essen. Ja, essen. Angewidert von den Banketten, die er für seine scheinheiligen Gäste veranstaltet, beginnt Timon in der Erde unter seinen Füßen zu graben, um Wurzeln herauszuziehen und sich von ihnen zu ernähren. Mit der Entscheidung für dieses wild wachsende, mit Erde verschmutzte, ungekochte Nahrungsmittel bekundet Timon seine Entschlossenheit, jeder menschlichen Gemeinschaft, jeder Geselligkeit zu entsagen. Denn wer sich von Wurzeln ernährt, stellt sich auf die Seite der Natur und gegen die Kultur. Er zieht es vor, wie das Wildschwein zu leben – das *porcus singularis*, das sich von der Rotte absondert und von Eicheln und Wurzeln ernährt – und sich von jeder menschlichen Gesellschaft fernzuhalten.

Der ursprüngliche Sinn von Shakespeares Text weicht also von der Bedeutung, die Veneziani ihm zuschreibt, erheblich ab. Dennoch muss den Rezensenten bei der Wahl dieses Zitats eine dunkle Ahnung (die Griechen hätten *dáimon* gesagt) geleitet haben, steht doch außer Zweifel, dass die »kulinarischen Wurzeln« eine der häufigsten und beliebtesten Spielarten »kultureller Wurzeln« sind: *Wir* essen Polenta, die anderen Couscous; *wir* mögen Schinken und Würste, die andern erschaudern schon bei der Erwähnung des Namens; *uns* schmecken *osèi*, am Spieß gebratene Singvögel, den anderen Kebab. Essen begründet Tradition, stiftet Identität und schlägt Wurzeln. Und infolgedessen kann, so paradox es klingt, auch Timon von Athen, eine so sinnfällige Verkörperung der »kulinarischen Verwurzelung«, als Stammvater heutiger Verfechter kultureller Wurzeln im Bereich der Ernährung beschworen werden. Deren Aktivitäten finden auch in den Medien ein großes Echo.

Bereits im Jahr 2009 führte die Lega Nord eine Kampagne gegen Restaurants mit ausländischen Spezialitäten in den italienischen Innenstädten mit dem Ziel, alle jene zu verbieten, die keine landestypischen Gerichte auf ihrer Speisekarte hatten. Aber auch in jüngerer Zeit hat es nicht an kommunalen Verordnungen oder zumindest Bestrebungen gefehlt, Kebab-Imbisse aus historischen Stadtkernen zu verbannen: um die »öffentliche Ordnung« aufrechtzuerhalten und den »historischen, architektonischen und städtebaulichen Charakter« alter Stadtkerne zu bewahren, aber auch, um »die kulinarischen Besonderheiten unserer Tradition zu schützen« (mit Betonung auf »unserer«). Mit anderen Worten: um die »Wurzeln« unserer Küche zu schützen. Solche Anti-Kebab-Kampagnen gehen einher mit Kundgebungen gegen ein Verbot des Kaufs und Verkaufs von Singvögeln zur Zubereitung des klassischen lombardischen und venetischen Gerichts Polenta e osèi (womit wir wieder bei der Polenta wären). Das Verbot sei ein Angriff auf die kulinarischen Traditionen der Region, während die Städte von Kebab-Imbissen und chinesischen Restaurants überschwemmt würden.[2] Der Umweltschutz und insbesondere die Rettung vom Aussterben bedrohter Arten spielt für diese Leute offenbar keine Rolle.

Auch die kulinarische Verwurzelung ist nicht frei von Widersprüchen, nur dass in diesem Fall mehr verwechselt wird als nur Anthropologie mit Nostalgie und individuelle mit kollektiven Erinnerungen. (Die guten Pausenbrote von Mama und Oma sind offenbar so unvergesslich, dass es schwerfällt, nicht von »Tradition« zu sprechen.) Die kulinarische Verwurzelung geht nämlich einher mit einem fast blinden Glauben an die *Beharrungskraft* von Ernährungstraditionen. Als müsse der Geschmack ein längeres Gedächtnis haben als die anderen Sinnesorgane und spontan gegen jede Neuerung aufbegehren, weil er seit undenklichen Zeiten gleich geblieben ist. Aber ist es wirklich so? Natürlich nicht. Auch Ernährungsgewohnheiten sind einem mehr oder weniger deutlich wahrnehmbaren Wandel unterworfen. Und außerdem: Wenn der Geschmack tatsächlich so unwandelbar wäre, hätten die zahllosen Fernsehköche, die rund um die Uhr neue Rezepte präsentieren (und dabei Zutaten in einer Art und Weise miteinander kombinieren, die alles andere als traditionell ist), wohl kaum einen solchen Erfolg und würden nicht den ehrenwerten Titel »Chef de cuisine« tragen. Andere und immer wieder neue Ernährungsmodelle zu kreieren ist also in der Öffentlichkeit hoch angesehen.

Wenn sich im Laufe der Zeit etwas wandelt, dann ist es der Geschmack, es sind die Zutaten und vor allem die Art und Weise der Zubereitung. Mit anderen Worten: Die »Verwurzelung« der »kulinarischen Wurzeln« ist, so paradox es klingt, fast immer ziemlich oberflächlich. Massimo Montanari hat gezeigt, dass gerade Italien ein wahres Schlachtfeld der Geschmäcker war mit Siegen, Niederlagen, Rückzügen und Gegenoffensiven.[3] Über Jahrhunderte hinweg machten Olivenöl, Butter und Schweineschmalz einander die Vorherrschaft auf der italienischen Halbinsel streitig. Und wenn Pellegrino Artusi Ende des 19. Jahrhunderts schrieb: »In der Toskana bevorzugt man Öl, in der Lombardei Butter und in der Emilia Schweineschmalz«, so galt dies lediglich für Italien nach der Einigung: das Italien, das er kannte und erlebte. Heute hat das Olivenöl seinen Siegeszug längst weit über die Toskana hinaus angetreten – und es könnte sein, dass es seinen Platz einem anderen Speiseöl räumen wird (oder keinem). Und was die vielen Gerichte und Geschmäcker angeht, die heute als hochgradig identitätsstiftend empfunden werden, braucht man bloß im Buch der Ernährungsgeschichte zu blättern, um festzustellen, wie viele Lebensmittel aus exotischen Ländern eingeführt wurden. Beispiele dafür gibt es zur Genüge.

Angefangen mit den in der Sonne Süditaliens gereiften Tomaten. Welcher Bewohner der italienischen Halbinsel, besonders des Südens, kann sich heute Pizza und Spaghetti ohne die rote Sauce vorstellen? Und doch stammt die Tomate bekanntlich aus Mittelamerika. Ihr Name leitet sich von *xitomatl* in der Nahuatl-Sprache ab. Auch die Kartoffel, die heute in ganz Italien verbreitet ist, aber eher als norditalienisch empfunden wird, stammt aus Amerika, ebenso wie Paprikaschoten und Peperoncini, die in den Abruzzen und in Kalabrien identitätsprägend sind. In diesen Regionen ist die Bereitschaft zum Verzehr höllisch scharfer Peperoncini sogar ein Ausweis von Männlichkeit. (Ich kenne einen Abruzzesen, der nach einem Chilischoten-Wettessen mit einem Mexikaner bewusstlos zusammengebrochen ist.)

Transatlantischen Ursprungs ist auch der Mais, aus dem die Polenta zubereitet wird: ein Getreide, dessen italienischer Name *granturco* (»Türkenkorn«, eine Bezeichnung, die sich sogar im grimmschen Wörterbuch findet) einen kuriosen Exotismus beinhaltet, denn die Türken haben rein gar nichts damit zu tun. Auch der Mais stammt also aus fernen Ländern, nämlich aus Mittelamerika, und er wurde im Laufe der Jahrtausende selektioniert, vor allem von den Azteken. Es handelt sich tatsächlich um eine Selektion: Züchtung durch Auslese des Saatguts. Betrachtet man unsere heutige Maispflanze genauer, so entdeckt man ein einzigartiges Phänomen: Der Kolben gibt die reifen Samen nicht von sich aus frei, sie bleiben in einer dicken Hülle, weshalb Mais besonders einfach und ertragreich zu ernten ist, denn die Samen können nach der Reife nicht herausfallen und damit auch nicht von Vögeln gefressen werden. Aus denselben Gründen aber kann er sich nicht von allein vermehren. Er braucht dafür den Menschen, der die Samen aus der Hülle löst und aussät. Die wilde Maispflanze, die dem domestizierten Mais am meisten ähnelt und von der unser heutiger Kulturmais höchstwahrscheinlich abstammt, weist diese Eigenschaft jedoch nicht auf. Man muss deshalb davon ausgehen, dass der Mais, wie wir ihn heute kennen, eine Erfindung des Menschen ist, genauer gesagt, eine Erfindung der Azteken.[4]

Auch andere Nahrungsmittel, die wir als ausgesprochen traditionell betrachten, wurden erst in der Neuzeit eingeführt: die verschiedenen Bohnenkernsorten zum

Beispiel, auf die viele Landstriche Italiens stolz sind, die jedoch größtenteils gleichfalls aus dem subtropischen Amerika stammen und in Europa erst ab dem 16. Jahrhundert angebaut wurden.[5] Die Aubergine schließlich, die bereits im Mittelalter von den Arabern nach Europa gebracht wurde, aber ursprünglich aus Indien stammt, wurde von den Juden Süditaliens und der Iberischen Halbinsel übernommen. Sie galt jedoch lange als Arme-Leute-Gemüse und wurde daher gering geschätzt. Noch Ende des 19. Jahrhunderts schrieb Pellegrino Artusi, dass »petonciani«, wie er die Auberginen nannte, »vor vierzig Jahren auf den Märkten von Florenz kaum zu finden waren; sie wurden als Speise der Juden geschmäht«. Zum Lobpreis der Aubergine und des Volkes, das sie zu schätzen wusste, fügte Artusi hinzu, die Juden hätten »hier wie auch in anderen, wichtigeren Dingen gezeigt, dass sie schon immer einen besseren Riecher hatten als die Christen«.[6]

Und was soll man erst dazu sagen, dass nicht nur die Aubergine, sondern auch der Apfel unserer Alpentäler, aus dem zur Gaumenfreude der Dolomiten-Touristen Apfelstrudel gebacken wird, in Wahrheit ein Import aus dem Alten Orient ist? Die Urheimat des Apfelbaums (wie übrigens auch der Tulpe) ist nämlich Kasachstan. Und während man in Europa diese runden saftigen Früchte schon recht früh genießen konnte, mussten die Amerikaner warten, bis Johnny Appleseed, ein wahrer Missionar des Apfels, Ende des 18. Jahrhunderts zu Fuß, zu Pferd und mit dem Boot durch den Mittleren Westen zog und Apfelgärten anlegte. Johnnys vorrangiges Ziel war jedoch nicht, dass die Kinder der Pioniere rotbackige Äpfel aßen oder ihre Frauen *apple pie* backten, sondern dass die Väter und Ehemänner Most kelterten, und zwar hektoliterweise. Apfelmost war bei den Bauern beliebt, galt er doch für weniger sündhaft als Wein. Vergorener Traubensaft wurde mit den Verfehlungen der katholischen Kirche assoziiert, der Apfel hingegen als gesunde »protestantische« Frucht propagiert. Und was ist mit dem so uramerikanischen Satz »An apple a day keeps the doctor away«? Der Slogan war eine clevere Erfindung der Produzenten, die im Zuge der Prohibition einen Rückgang der Apfelweinproduktion befürchteten. Und was wäre dann aus all den Tonnen Äpfeln geworden, die der verdienstvolle Johnny Appleseed in Amerika heimisch gemacht hatte?[7]

Wenn es darum geht, den Verlockungen kulinarischer Wurzeln zu widerstehen, ist die Polenta gewiss das interessanteste Nahrungsmittel. Der Mais, das wissen wir bereits, wurde aus Mittelamerika nach Europa importiert. Und folglich konnte dieses Getreide frühestens im 16. Jahrhundert in der Po-Ebene, dem ruhmreichen Land der Polenta, eingeführt worden sein – etwa zur selben Zeit, als die Portugiesen den Maisanbau in Angola förderten.

Die Angolaner essen *funje* und *pirão*, die der italienischen Polenta ebenso ähneln wie *angu*, die brasilianische Variante.[8] Die Gepflogenheit der Zubereitung solcher Breigerichte wurde von afrikanischen Sklaven nach Brasilien gebracht, die in ihrer Heimat vor der Einführung des Mais einen ähnlichen Brei mit Tapiokamehl hergestellt hatten. Später, mit der italienischen Einwanderung nach Brasilien, begann man in den Regionen, in denen sich die Italiener ansiedelten, statt *angu polenta* zu sagen – der Beweis dafür, dass es sich um ein und dieselbe Sache handelte. Die Polenta hat also einen afro-amerikanisch-italienischen Weg genommen: von Afrika nach Brasilien, wo sie mit ihrem afrikanischen Namen ankam (*angu* ist wahrscheinlich Yoruba) und dann auf die Polenta der Italiener stieß und den Namen *polenta* annahm.[9] Wer jetzt noch behauptet, dieser goldfarbene Brei definiere die norditalienische Identität, muss bereit sein, diese Identität wenigstens mit den Angolanern zu teilen: afrikanischen Sklaven unterschiedlicher ethnischer Herkunft, die man in Ketten auf die portugiesischen und brasilianischen Galeeren zerrte.

Aber zurück zur Polenta der Po-Ebene. Nicht weniger gewagt wäre es zu behaupten, Norditalien sei bereits vor Einführung der Maispflanze die exklusive Heimat oder Wahlheimat der Polenta gewesen: zwar nicht mit Mais zubereitet, den man ja noch gar nicht kannte, sondern mit anderen Getreidesorten, etwa Buchweizen, *grano saraceno* (»Sarazenenkorn«), mit dem Tonio in Manzonis Roman *Die Brautleute* »eine kleine graue Polenta« zubereitet.[10] Dass im heutigen Venetien oder der heutigen Lombardei ein solcher Brei bereits vor der Ankunft des Mais verzehrt wurde, ist möglich, ja sogar wahrscheinlich. Dass aber damit besondere identitätsstiftende Eigenschaften verknüpft gewesen wären, kann man schwerlich behaupten.

Die Gepflogenheit, aus Getreidemehl – Gerste, Emmer oder Spelt – einen Brei zuzubereiten, der *polenta* genannt wurde, ist auf italienischem Boden bereits seit der Römerzeit dokumentiert: »Brot und *polenta* sind die Dinge, die man zum Leben braucht«, schrieb Seneca.[11] Schon in der römischen Welt jedoch herrschte Uneinigkeit darüber, wer die wahren Polenta-Esser waren. Nach Ansicht von Plinius dem Älteren war das Grundnahrungsmittel der frühen Römer nicht Brot, sondern *puls*, ein Mehlbrei aus Emmer; die Griechen wiederum hatten Plinius zufolge eine Vorliebe für *polenta* aus Gerstengraupen.[12] Doch von diesen Feinheiten einmal abgesehen ist klar, dass Griechen wie Römer Breiesser waren. Interessant allerdings ist, dass in einer Komödie von Plautus ein alter Karthager mit dem Spitznamen »Breiesser«, *Pultiphagonides*, bedacht wird – was darauf schließen lässt, dass auch die Bewohner Karthagos als Breiesser betrachtet wurden.[13]

Das entbehrt nicht der Ironie, lag Karthago doch sechzehn Kilometer nordöstlich von Tunis, im Gebiet des heute verhassten Rivalen der Polenta, des Couscous – das die Römer wahrscheinlich umstandslos als *puls* oder *polenta* bezeichnet hätten, ohne sich lange mit identitären Spitzfindigkeiten aufzuhalten.

# 18

## Kulturelle Wurzeln und ihre variable Morphologie

Müde von unseren Streifzügen durch die Welt der Pflanzen und Nahrungsmittel, wollen wir die Metapher der »Wurzeln« jetzt in einem Bereich betrachten, wo es von »Wurzeln« zwar gleichfalls nur so wimmelt, man sich aber zumindest nicht auf den Boden und seine Feuchtigkeit beruft: die Sprache und eine ihrer wichtigsten Komponenten, die Verbwurzel. Die Idee, die Wurzelmetapher in den linguistischen Bereich zu übertragen, ist mir gekommen, weil bisher so viel vom antiken Griechenland die Rede war. Tatsächlich scheint es mir, als seien die »kulturellen Wurzeln« einem ähnlichen Reglement unterworfen wie die Verbwurzeln des Altgriechischen. Ein Beispiel: Die Wurzel des griechischen Wortes für »sehen« kann stark (*oid-*), mittel (*eid-*) oder schwach (*id-*) sein – eine Morphologie, der jede vermeintliche kulturelle Wurzel unterliegt. Die Wurzel eines Verbs kann zudem mit Präfixen und Suffixen versehen werden, um verschiedene Bedeutungsnuancen auszudrücken. In ähnlicher Weise, denke ich, können auch die kulturellen Wurzeln in verschiedene Richtungen, wenn nicht gar zu unterschiedlichen Bedeutungen »dekliniert« werden.

Wie oben dargelegt, haben Italien und Frankreich in der Griechenland-Krise immer wieder darauf hingewiesen, wie eng das moderne Europa mit der hellenischen Kultur verbunden sei. Doch was tat Deutschland, das den Hilfsappellen der Regierung Tsipras taub, wenn nicht sogar feindselig gegenüberstand? Die Deutschen gaben sich nicht sonderlich philhellenisch. Das Titelbild der Zeitschrift *Focus* vom 3. Mai 2010 zeigte die Aphrodite von Melos, besser bekannt als Venus von Milo, mit der ausgestreckten Hand einer Bettlerin. Und ein Vorschlag an Griechenland, zur Rückzahlung seiner Schulden ein paar Ägäis-Inseln zu verkaufen, wurde von der *Bild*-Zeitung sofort aufgegriffen: Die Griechen müssten auch einmal auf etwas verzichten. Dass Aphrodite, die Schaumgeborene, dem Schaum dieses Meeres entstiegen war – na und? Kommunikation basiert bekanntlich auf dem Austausch von Bildern und öfter noch von Stereotypen. Und wenn in Italien und Frankreich die Griechen die strahlenden Züge des Perikles annahmen, trugen sie in anderen Ländern die listig verschlagenen Züge der »Levantiner«. Besonders die Deutschen hatten offenbar vor allem die Geldschulden im Blick, die Griechenland bei ihnen hatte (wenngleich keineswegs nur bei ihnen). Ihre eigene Schuld der hellenischen Kultur gegenüber zählte da nicht viel. Ein in der Tat bemerkenswerter Perspektivenwechsel.

Denn wenn in der Vergangenheit ein Land philhellenisch war, dann Deutschland. Nicht nur, weil die deutsche Dichtung und Philosophie von den Griechen stärker beeinflusst ist als die anderer Länder, sondern auch, weil sich die Deutschen jahrzehntelang der Welt als die »wahren Griechen« präsentiert haben: als die einzig würdigen Erben Homers, Pindars und Platons. Wollte Schiller in Deutschland »das neue Griechenland der Zukunft« bauen, so fantasierte Goethe sogar von einer Liebeshochzeit Fausts mit Helena, der schönsten Frau der Welt, in einem sagenhaften Arkadien. Aus dieser leidenschaftlichen Verbindung geht in Goethes Tragödie *Faust II* ein Sohn hervor, Euphorion, in dem sich der hellenische mit dem nordischen Geist vermählt. Hölderlins Griechenland-Nostalgie wiederum war so groß, dass er 1802 zu Fuß in das Land seiner Sehnsucht aufbrach. Seine Expedition endete jedoch in den Schweizer Alpen, wo er überfallen und ausgeraubt wurde. Er deutete diesen Zwischenfall als göttliches Zeichen des Apollo und verzichtete auf die Fortsetzung seiner Reise.[1] Und bereits 1799 hatte Wilhelm von Humboldt erklärt, die griechische Kultur sei allen anderen Kulturen überlegen:

Die Griechen treten gänzlich aus dem Kreise der Geschichte anderer Völker heraus […], und wir verkennen durchaus unser Verhältniss zu ihnen, wenn wir den Massstab der übrigen Weltgeschichte auf sie anzuwenden wagen. Ihre Kenntniss ist uns nicht bloss angenehm, nützlich und nothwendig, nur in ihr finden wir das Ideal dessen, was wir selbst seyn und hervorbringen möchten; wenn jeder andre Theil der Geschichte uns mit menschlicher Klugheit und menschlicher Erfahrung bereichert, so schöpfen wir aus der Betrachtung der Griechen etwas mehr als Irdisches, ja beinah Göttliches.[2]

Humboldt war es auch, der als preußischer Kulturminister das Studium der griechischen Sprache, Philosophie, Kunst und Kultur als oberste Aufgabe der Bildung ansah, um die deutsche Kultur und Gesellschaft nach der verheerenden Niederlage in der Schlacht bei Jena und Auerstedt auf eine neue Grundlage zu stellen.

Aber man braucht gar nicht so weit in die Vergangenheit zurückzugehen. Wie sehr der Philhellenismus unter den Deutschen verbreitet ist, beschreibt eine Karikatur von Kostas Mitropoulos aus dem Jahr 1980.[3] Sie zeigt einen Mann in antiker Hoplitenrüstung mit Rundschild, Brustpanzer und aufgeklapptem Sturmhelm, sein Gegenüber trägt schwarzes Haar, Schnurrbart und Käppi und ist damit der Prototyp eines Griechen. Die Szene spielt sich an einem Bahnhofsgleis ab. Der kriegerisch gekleidete Mann wendet sich an den Griechen mit den Worten *Àndra moi énnepe Moúsa*, die aus dem ersten Vers der *Odyssee* stammen. Woraufhin der Grieche messerscharf die Schlussfolgerung zieht: Das kann nur ein Deutscher sein! Wenn die Deutschen damals einem Jorgos oder Jannis begegneten, stellten sie sich vor, sie stünden Odysseus gegenüber, der »auf dem Meere so viel unnennbare Leiden erduldet«.

Die »kulturellen Wurzeln« folgen also offenbar denselben Gesetzen wie die Verbwurzeln der altgriechischen Grammatik, können also in unterschiedlichen Abstufungen in Erscheinung treten. Die Griechenland-Krise hat gezeigt, dass sich in Frankreich und Italien die hellenischen Wurzeln in der »Vollstufe« präsentierten, in Deutschland dagegen in der »Schwundstufe«. Diese Variabilität ist ein typisches Kennzeichen kultureller Wurzeln, auch wenn sie von denjenigen, die diese Wurzeln beschwören, gern vertuscht wird. Nichts ist so präsent, ja symptomatisch für unsere Zeit wie die »kulturellen Wurzeln«. Allerdings weisen sie nicht geradewegs in die Vergangenheit zurück, wie ihre »Verwurzelung« suggerieren möchte, ganz im Gegenteil. Sie verändern sich, sie schlängeln und winden sich und können auch ganz verschwinden, je nach Situation. Wenn in der Griechenland-Krise Italien und Frankreich die hellenische Wurzel der europäischen Kultur in der

Vollstufe präsentierten, dann aus demselben Grund, aus dem man in Deutschland die Schwundstufe bevorzugte: entsprechend der größeren oder geringeren Nähe zum *heutigen* Griechenland. Italiener und Franzosen erklärten sich mit den Griechen solidarisch, die durch die ihnen auferlegte strenge Sparpolitik an die Grenzen ihrer Belastbarkeit gelangt waren. In der Betonung der hellenischen Wurzeln unserer Kultur sahen sie ein gutes Argument für die Griechenland-Rettung. Die Deutschen wiederum, mehrheitlich der Ansicht, die Griechen sollten ihre Schulden zurückzahlen (wenn es sein musste, auch auf die harte Tour), schwächten den Philhellenismus ab, von dem ihre literarische, künstlerische und philosophische Kultur doch so stark geprägt ist. Stufenweise regulierbar wie jede anständige Verbwurzel, erscheinen auch die kulturellen Wurzeln *deklinierbar*, je nachdem, was man zum Ausdruck bringen möchte. Alles hängt von den Suffixen ab, die man an die Wurzel anhängt. Deshalb konnte auf dem Höhepunkt der Griechenland-Krise der Historiker Martin Schulze Wessel auch auf die Bedeutung der »christlich-orthodoxen Wurzeln« verweisen, aufgrund derer Griechenland, wie er behauptete, Putins Russland näherstehe als dem übrigen Europa.[4] Das christliche und orthodoxe Byzanz stellte den hellenischen Wurzeln Suffixe bereit, die passender schienen als die des demokratischen Athen. Passender für den aktuellen Diskurs.

# 19

## Die christlichen Wurzeln des Abendlandes

Von den hellenischen Wurzeln der europäischen Kultur, die in der jüngsten Griechenland-Krise so oft beschworen wurden, gehen wir nun zu anderen Wurzeln über, die in der aktuellen politischen und kulturellen Debatte nicht unmittelbar präsent sind. Mittelbar jedoch sind sie dauerpräsent, zumindest im Denken bestimmter europäischer Parteien: die christlichen Wurzeln, die so oft beschworen wurden, als man – letztlich erfolglos – versuchte, sie in der Präambel der europäischen Verfassung zu verankern.[1] Doch wie sieht es mit den Präambeln der Verfassung der einzelnen Staaten der Europäischen Union aus?

Nicht alle Verfassungen haben eine Präambel. Und von den dreizehn Verfassungen, die eine solche Präambel aufweisen, enthalten nur fünf einen religiösen Bezug. Das deutsche Grundgesetz von 1949 verweist lediglich auf Gott, nicht auf eine bestimmte Religion oder religiöse Tradition: »Im Bewusstsein seiner Verantwortung vor Gott und den Menschen«, heißt es darin, »hat sich das Deutsche Volk kraft seiner verfassungsgebenden Gewalt dieses Grundgesetz gegeben.« Einen expliziteren Bezug auf das Christentum enthält hingegen die polnische Verfassung von 1997:

> Wir, das polnische Volk [...], sowohl diejenigen, die an Gott als die Quelle der Wahrheit, Gerechtigkeit, des Guten und des Schönen glauben, als auch diejenigen, die diesen Glauben nicht teilen [...], beschließen in Dankbarkeit gegenüber unseren Vorfahren für ihre [...] Kultur, die im christlichen Erbe des Volkes und in allgemeinen menschlichen Werten verwurzelt ist, im Bewusstsein der Verantwortung vor Gott oder vor dem eigenen Gewissen, uns die Verfassung der Republik Polen zu geben.

In der polnischen Charta, die jünger ist als das deutsche Grundgesetz, ist also genau jener Verweis auf die »christlichen Wurzeln« verankert, der in die Präambel der europäischen Verfassung keinen Eingang fand. Hier wird *eine bestimmte* Kultur – die christliche – offiziell gewürdigt, auch wenn sie in die »allgemeinen menschlichen Werte« eingebunden ist. Einen ausdrücklichen Verweis auf die christliche Tradition enthalten die Präambeln der griechischen, irischen und slowakischen Verfassung.[2] Die christliche Tradition ist auch in der ungarischen Verfassung verankert, die unter Ministerpräsident Viktor Orbán am 1. Januar 2012 in Kraft trat.[3]

Der Präambel ist der erste Satz der ungarischen Nationalhymne von Ferenc Kölcsey aus dem Jahr 1823 vorangestellt: »Gott, segne die Ungarn!« Die Präambel selbst beginnt mit den Worten:

> Wir sind stolz darauf, dass unser König, der heilige Stephan I., den ungarischen Staat vor tausend Jahren auf festen Fundamenten errichtete und unsere Heimat zu einem Bestandteil des christlichen Europas machte.
>
> Wir sind stolz auf unsere Vorfahren, die für das Bestehen, die Freiheit und Unabhängigkeit unseres Landes gekämpft haben.
>
> Wir sind stolz auf die großartigen geistigen Schöpfungen ungarischer Menschen.
>
> Wir sind stolz darauf, dass unser Volk Jahrhunderte hindurch Europa in Kämpfen verteidigt und mit seinen Begabungen und seinem Fleiß die gemeinsamen Werte Europas vermehrt hat.
>
> Wir erkennen die Rolle des Christentums bei der Erhaltung der Nation an. Wir achten die unterschiedlichen religiösen Traditionen unseres Landes.

Was für ein Bild des Christentums tritt uns aus diesem Text entgegen? Im Wesentlichen dasselbe, das einst Stephan von Ungarn prägte. König Stephan, für Katholiken und Orthodoxe der »heilige Stephan«, war ein christlicher Monarch, der im 10. Jahrhundert die ungarischen Stämme unter seinem Zepter einte und die aufsässigen »Heiden« teils gewaltsam christianisierte. Unnötig zu sagen, dass die Präambel der ungarischen Verfassung bei vielen Konservativen, auch in Italien, auf Begeisterung stieß.[4] »Christentum« und »christliches Europa« sind in der ungarischen Präambel vor allem mit dem Gefühl des Stolzes verknüpft (das Adjektiv »stolz« taucht vier Mal auf, immer am Satzanfang); hinzu kommen Begriffe wie »Kampf« und »Verteidigung«. Mit anderen Worten: Die christliche »Wurzel« wird hier nicht gerade im Geist des Friedens, der Liebe und der Demut dekliniert, jener Werte, die das Christentum als grundlegend für seine Tradition erachtet. Es verwundert daher auch nicht, dass diese Verfassungspräambel mit ihrer »stolzen« Beschwörung der christlichen Tradition Ungarns von einer Regierung gewollt war, die ihre Staatsgrenzen mit Stacheldraht sichert, um Migranten an der Einreise zu hindern, besonders solche, die keine Christen sind. In einem 2015 in der *Frankfurter Allgemeinen Zeitung* erschienenen Interview betonte Orbán genau diesen Punkt. »Wir dürfen nicht vergessen«, sagte er, dass diejenigen, die hierherkommen, in einer anderen Religion erzogen wurden und Vertreter einer grundlegend anderen Kultur sind. Sie sind meistens keine Christen, sondern Muslime. Das ist eine wichtige Frage, denn Europa und das Europäertum haben christliche Wurzeln. Oder ist es etwa nicht schon an und für sich besorgniserregend, dass die christliche Kultur Europas bereits kaum noch in der Lage ist, Europa in der eigenen christlichen Wertordnung zu halten? Wenn wir das aus den Augen verlieren, kann der europäische Gedanke auf dem eigenen Kontinent in die Minderheit geraten.[5]

Die christliche Wurzel kennt also auch *diese* Deklination: dass die Sicherung der Grenzen gegen die Ungläubigen mit demselben Recht Teil der christlichen Tradition ist wie edlere und weniger kriegerische Werte wie Nächstenliebe und Unterstützung der Bedürftigen. Wie gesagt, nichts ist so präsent, ja so symptomatisch für die heutige Zeit wie die »kulturellen Wurzeln«. Und sie werden je nach Bedarf und Opportunität ausgewählt und dekliniert.[6]

# Anhang

## Die christlichen Wurzeln im Statut der Region Venetien

Vor den Wahlen für die Präsidentschaft der Region Venetien im April 2010 trat Luca Zaia, der Kandidat der Lega Nord, wiederholt vor die Presse und erklärte, im Falle eines Sieges werde er einen ausdrücklichen Bezug auf die »christlichen Wurzeln« des Veneto in das Regionalstatut aufnehmen. Nach der Wahl legte er unter der vielsagenden Überschrift »Identität der Region« einen Entwurf für Artikel 3 des Regionalstatuts vor:

> Im Einklang mit seinen christlichen Wurzeln, seinen Traditionen der wissenschaftlichen und geistigen Freiheit und der Laizität seiner Institutionen gründet das Veneto sein Handeln auf das Prinzip der Solidarität mit allen Menschen, gleich welcher Herkunft, Kultur und Religion, und fördert den Prozess der Integration aller Menschen und aller auf dem Territorium der Region dauerhaft ansässigen Gemeinschaften. Es be-

kämpft Vorurteile und Diskriminierung und betrachtet das friedliche Zusammenleben der Völker als einen grundlegenden Wert.[1]

Aber dann gab es Stimmen, die zu bedenken gaben, dass die Bekräftigung der »christlichen Wurzeln« Venetiens auf der einen und der »Traditionen der wissenschaftlichen und geistigen Freiheit« sowie des Laizitätsprinzips auf der anderen Seite einen Widerspruch darstelle. Die Laizität der Institutionen könne keine christlichen Wurzeln haben, und man könne auch nicht sagen, dass diese Wurzeln allen Bürgern Venetiens eigen sind. Daraufhin wurde der Wortlaut des Statuts folgendermaßen geändert (Artikel 5.5):

Schöpfend aus den Prinzipien der christlichen Kultur sowie den Traditionen der Laizität und der wissenschaftlichen und geistigen Freiheit, orientiert sich die Region in ihrem Handeln an den Prinzipien der Gleichheit und Solidarität mit allen Menschen, gleich welcher Herkunft, Kultur und Religion; sie fördert die Teilhabe aller Menschen an den Rechten und Pflichten und ihre Integration, wendet sich gegen Vorurteile und Diskriminierung und setzt sich für die Verwirklichung einer offenen und solidarischen Gesellschaft ein.

Wie sehr in der Region Venetien die politischen Vertreter, aber auch Bürgergruppen diese so emphatisch formulierten, hehren Grundsätze – die Prinzipien der christlichen Kultur; Solidarität, Partizipation und Integration aller Menschen, gleich welcher Religion; Bekämpfung von Vorurteilen und Diskriminierung; Offenheit – befolgen, kann seit geraumer Zeit jeder sehen: In Treviso wurden Matratzen und Mobiliar für Flüchtlinge vor dem Gebäude verbrannt, das diese Flüchtlinge aufnehmen sollte. In Padua gab es Protestkundgebungen gegen die Unterbringung von Flüchtlingen in Privatwohnungen. Regionalpräsident Zaia weigerte sich, Migranten aufzunehmen, die das italienische Innenministerium der Region Venetien zugewiesen hatte. Und ein ehemaliger Präsident der Provinz Treviso erklärte, die Migranten »kommen hierher, um unsere Rasse zu bastardieren«.[2] Die christlichen Wurzeln, die Zaia unbedingt im Regionalstatut verankern wollte, wurden in der konkreten Situation radikal anders dekliniert als öffentlich bekundet: Sie wurden auf die Schwundstufe heruntergedimmt.

# Anmerkungen

PROLOG

1 Pierre Nora, *Les lieux de mémoire*, 7 Bände, Paris 1984–1992; zum Verhältnis zwischen Historikern und nationaler »Tradition« vgl. Marcel Detienne, *Comparer l'incomparable*, Paris 1999.

2 So ist laut einer von Dozenten der Universität Macerata unter Leitung von Angelo Ventrone durchgeführten *Untersuchung zur Situation im Hotel House von Porto Recanati* »dieser multiethnische Wohnkomplex kein von schmuddeligen, zwielichtigen, kriminalitätsbereiten Gestalten bewohntes Ghetto, wie eine rassistische Berichterstattung es nahelegt. [...] Von den hier lebenden Zuwanderern haben 55,2 Prozent einen Universitäts- oder Hochschulabschluss: das sind gut 12 Prozent mehr als die Italiener – in einem Land, das mit nur 33 Prozent Hochschulabsolventen innerhalb der OSZE-Staaten auf Platz 25 steht«; zitiert nach Gian Antonio Stella, Einleitung zu Ramona Parenzan, *Babel Hotel*, Formigine 2011.

KAPITEL 1

1 *La Repubblica*, 18. Dezember 2015.

2 Maurizio Bettini, »I classici come enciclopedia culturale e come antenati«, in *California Italian Studies* 2, 1 (2011).

3 Tzvetan Todorov, *Die Angst vor den Barbaren. Kulturelle Vielfalt versus Kampf der Kulturen*, übers. von Ilse Utz, Hamburg 2010, S. 88.
4 Aristoteles, *Politik*, 1254a, 18; 1254b.
5 Marcello Pera, »Democrazia è libertà? In difesa dell'Occidente«, Rede zur Eröffnung des Freundschaftstreffens in Rimini, 21. August 2005.
6 Die Präambel des Vertrags von Lissabon, der am 13. Dezember 2007 unterzeichnet wurde und am 1. Dezember 2009 in Kraft trat, enthält sehr viel allgemeinere Prinzipien, als die Befürworter der christlichen Wurzeln Europas es gern gehabt hätten. Europa, so heißt es nun, schöpfe »aus dem kulturellen, religiösen und humanistischen Erbe Europas, aus dem sich die unverletzlichen und unveräußerlichen Rechte des Menschen sowie Freiheit, Demokratie, Gleichheit und Rechtsstaatlichkeit als universelle Werte entwickelt haben«.
7 »Il dovere dell'identità«, Rede von Marcello Pera bei der Tagung der Stiftung »Magna Carta«, Rom, 17. Dezember 2005 (Kursivierung hinzugefügt).
8 www.scuolabosina.com (Kursivierung hinzugefügt).
9 www.radicicristiane.it: Vittorio Mathieu, *Le radici classiche dell'Europa*, Mailand 2002; die Homilie Bartholomäus' I. erschien in *Avvenire*, 30. März 2009.
10 Vgl. Umberto Eco, Stichwort »Metafora« (Metapher) in der *Enciclopedia Einaudi*, Bd. IX, Turin 1980, S. 191–236 (bes. S. 209–212); George Lakoff und Mark Johnson, *Leben in Metaphern.*

*Konstruktion und Gebrauch von* Sprachbildern, übers. von Astrid Hillenbrand, Heidelberg 1998; Zoltan Kövecses, *Language, Mind and Culture*, Oxford 2006.

KAPITEL 2

1 Cicero, *De oratore*, 3, 160: »Omnis translatio […] ad sensus ipsos admovetur, maxime oculorum qui est sensus acerrimus […] illa vero oculorum multo acriora, quae paene ponunt in conspectu animi, quae cernere et videre non possumus«; hier zitiert nach Marcus Tullius Cicero, *De Oratore – Über den Redner*, Lateinisch-Deutsch, hg. und übers. von Theodor Nüßlein, Düsseldorf 2007.

2 Cicero, *De legibus*, 2, 16, 40. Dieselbe Geschichte erzählt Xenophon, *Memorabilien*, 4, 3, 15, allerdings knapper und vor allem ohne die zweite Frage der Athener. Was Cicero *mos maiorum* nennt, heißt bei Xenophon *nómos póleos*, »der Brauch der Stadt«. Vgl. dazu »Mos, mores e mos maiorum. L'invenzione dei ›buoni costumi‹ nella cultura romana«, in Maurizio Bettini, *Le orecchie di Hermes. Studi di antropologia e letterature classiche*, Turin 2000, S. 241–292.

3 Cicero, *De legibus*, 2, 16, 40: »Quo cum iterum venissent maiorumque morem dixissent saepe esse mutatum quaesissentque, quem morem potissimum sequerentur e variis, respondit ›optumum‹«; hier zitiert nach Cicero, *Über die Gesetze (De legibus)*, übers., erläutert und mit einem Essay von Elmar Bader und Leopold Witte, Reinbek 1969.

4 Wie bei den Wurzeln/Elementen (*rhizómata*) des Empedokles: Empedokles, Fragment 6 Diels-Kranz (Hermann Diels und Walther Kranz, *Die Fragmente der Vorsokratiker*, Berlin 1960); oder, in einem enger begrenzten Sinn, bei den *radices* der Kenntnisse, die Varro im Bereich der Landwirtschaft für sich reklamierte (*De re rustica*, 1, 1, 11).

5 Pindar, *Pythicae* (*Pythische Oden*) 4, 15. Vgl. die Anmerkung von Pietro Giannini in Pindaro, *Le Pitiche*, hg. von Bruno Gentili, Paola Angeli Bernardini, Ettore Cingano und Pietro Giannini, Mailand 1995, S. 431; Cicero, *Pro Sestio*, 50: »ex iisdem quibus nos radicibus natum«.

6 Tryphon, *Perè trópon*, S. 192, 14 Spengel (Leonhard von Spengel, *Rhetores Graeci*, Bd. III, Leipzig 1856); vgl. Heinrich Lausberg, *Handbuch der literarischen Rhetorik*, Bd. I, München 1960, S. 287.

7 Die Symbolik des Baumes ist unerschöpflich: vgl. Vladimir N. Toporov, »L'albero universale«, in Jurij M. Lotman und Boris A. Uspenskij (Hg.), *Ricerche semiotiche. Nuove tendenze delle scienze umane nell'Urss*, Turin 1973, S. 148–209. (bes. S. 170ff.); zur Symbolik des Baumes in sprachwissenschaftlichen und anthropologischen Theorien des 19. Jahrhunderts (zum Modell des Baumes der indoeuropäischen Sprachen, des Baumes der Völker und Rassen) vgl. Martin Bernal, *Schwarze Athene. Die afroasiatischen Wurzeln der griechischen Antike. Wie das klassische Griechenland »erfunden« wurde,* übers. von Joachim Rehork, München und Leipzig 1992, S. 317 und 345: Die Bäume,

schreibt Bernal, »wurzeln in ihren Mutterböden, verdanken jeweils besonderen Klimaten ihr Wachstum, und doch sind sie Lebewesen und wachsen [...]. Bäume haben eine einfache Vergangenheit sowie eine komplizierte, ›verzweigte‹ Gegenwart und Zukunft«.

8 Vgl. die oben zitierte Rede von Marcello Pera: »Unser moralisches *Fundament* sind die *Traditionen*« (Kursivierung hinzugefügt).

9 Zur Bedeutung des Körperschemas für diese sprachlich-kulturellen Schöpfungen siehe unten.

10 Bruce Lincoln, *Authority. Construction and Corrosion*, Chicago 1994. Bemerkenswert ist, dass auch der in der römischen Kultur entstandene Begriff der *auctoritas* von »Wachstum« und »Vermehrung« abgeleitet ist (lat. *augere*; vgl. Maurizio Bettini, Einleitung zur italienischen Ausgabe des oben zitierten Buches von Bruce Lincoln, *L'autorità. Costruzione e corrosione*, Turin 2000, S. VII–XXXIV).

11 Voltaire, *Annales de l'empire*, in *Œuvres complètes*, 1877–1885, Bd. XIII (zitiert bei Tzvetan Todorov, *Die Angst vor den Barbaren. Kulturelle Vielfalt versus Kampf der Kulturen*, übers. von Ilse Utz, Hamburg 2010, S. 89).

KAPITEL 3

1 Vgl. dazu Marcello Peras oben zitierte zweite Rede: »Wir stammen auch von anderen Städten ab [...], von vielen anderen Orten, aus denen unsere großen Väter hervorgegangen sind [...

und] wir müssen sagen, dass wir *Kinder* oder ferne *Abkömmlinge* Jerusalems, Athens und Roms sind [...]. *Entscheidend ist unsere gemeinsame Genealogie*« (Kursivierung hinzugefügt). Wenn einer kulturellen Beziehung auf metaphorischer Ebene nicht nur eine hierarchische Ordnung (oben/unten), sondern auch die Gestalt einer Familie zugeschrieben wird, werden zwangsläufig die der Familie eigenen traditionellen hierarchischen Regeln beschworen: Den Vätern hat man zu gehorchen, dem Beispiel der Vorfahren zu folgen.

2 Wir haben es hier mit einem universellen sprachlichen/anthropologischen Phänomen zu tun, das unsere Überlegungen zu diesem Thema gleichsam überwölbt: Die sprachliche Beschreibung räumlicher Beziehungen spiegelt immer auch kulturelle Hierarchien. Dasselbe gilt für die Relation hinten/vorne, wobei das, was sich »vorne« befindet, im Allgemeinen für wichtiger gehalten wird als das, was »hinten« ist; ebenso für die Relation oben/unten, wobei das, was »oben« ist, normalerweise für wichtiger gehalten wird als das, was »unten« ist; oder für die Relation rechts/links, wobei das, was sich »links« befindet, gegenüber dem, was sich »rechts« befindet, als unterlegen gilt (im Sinne von unzureichend, verstörend, unvorteilhaft). Man geht davon aus, dass diese Art sprachlicher/kultureller Hierarchien aus der Projektion des Körperschemas auf die räumliche Umgebung abgeleitet ist. Wie wir gesehen haben, sind solche Hierarchien auch umkehrbar, wie im Fall von »unten« = »wichtiger« (als Fundament oder Grundlegung

eines »Oben«, das aus diesem »Unten« erwächst); oder im Fall von »unten« = »weniger wichtig« (gegenüber einem »Oben«, das dieses »Unten« beherrscht). Im Paradigma des Körperschemas können wir sagen, dass im ersten Fall die Füße als das Fundament des Menschen gewertet werden, im zweiten Fall dagegen der Kopf als der edlere und wichtigere Teil des Körpers gewürdigt wird. Zur Projektion des Körperschemas als Mittel zur Bildung sprachlicher Formen siehe Elizabeth C. Traugott, »On the Expression of Spatio-Temporal Relations in Language«, in Joseph H. Greenberg (Hg.), *Universals of Human Language*, Stanford 1978, Bd. III, S. 369–400; zu rechts und links vgl. die klassische Studie von Robert Hertz, »La prééminence de la main droite. Étude sur la polarité religieuse«; zuerst veröffentlicht 1909 in der *Revue Philosophique*; dt. unter dem Titel »Die Vorherrschaft der rechten Hand. Eine Studie über religiöse Polarität«, übers. von Hubert Knoblauch, in Cornelia Koppetsch (Hg.), *Körper und Status. Zur Soziologie der Attraktivität*, Konstanz 2000, S. 267–292; Rodney Needham (Hg.), *Right and Left*, Chicago 1978. Siehe auch Maurizio Bettini, *Antropologia e cultura romana*, Rom 1998, S. 128ff.

3 Erwähnt seien nur Jan Assmann, *Moses der Ägypter. Entzifferung einer Gedächtnisspur*, München 1998; »Com'è nato il cristianesimo?«, in *Annali di storia dell'esegesi* 21, 2, 2004 (Atti del Convegno Internazionale, hg. von Mauro Pesce, Bologna 2002); Martin L. West, *The East Face of Helicon. West Asiatic Elements in Greek Poetry and Myth*, Oxford 1999.

4 Livius, *Ab urbe condita*, 1, 8: »Eo ex finitimis populis turba omnis sine discrimine, liber an seruus esset, auida novarum rerum perfugit, idque primum ad coeptam magnitudinem roboris fuit«; hier zitiert nach Livius, *Ab urbe condita. Liber I – Römische Geschichte, 1. Buch*, hg. und übers. von Robert Feger, Stuttgart 1981, S. 31. Zur *autochthonía* vgl. S. 42.

KAPITEL 4

1 Francesco Remotti, *Contro l'identità*, Rom und Bari 2007.
2 Michel de Montaigne, *Essais*, übers. von Hans Stilett, München 2001, Erstes Buch, 37: »Über Cato den Jüngeren«, S. 353.
3 Heinrich Lausberg, *Handbuch der literarischen Rhetorik*, Bd. I, München 1960, S. 399–407.
4 In der bereits zitierten Rede von Pera heißt es weiter: »Die Bevölkerung Europas schrumpft, die Tür der unkontrollierten Zuwanderung wird geöffnet, und wir werden zu Mischlingen.«
5 Nicole Loraux, *Né de la terre. Mythe et politique à Athènes,* Paris 1996, bes. das Kapitel »Les bénéfices de l'autochtonie«, S. 27–48.
6 Juvenal, *Saturae*, 3, 84f.
7 Ebd., 3, 12ff.
8 *La Repubblica*, 16. Oktober 2000.

KAPITEL 5

1 Vgl. Eric J. Hobsbawm und Terence Ranger (Hg.), *The Invention of Tradition*, Cambridge 1983, und bes. Hobsbawms Einleitung

»Inventing Traditions« mit der Unterscheidung zwischen »Tradition« (*tradition*) und »Brauch« (*custom*): »Ziel und Eigenart von ›Traditionen‹, auch erfundenen, ist ihre Unveränderlichkeit [...]. In traditionellen Gesellschaften erfüllt der ›Brauch‹ eine doppelte Funktion als Motor und Schwungrad. Er schließt Innovation und Veränderung nicht a priori aus, auch wenn die Notwendigkeit, mit dem Bisherigen kompatibel oder sogar identisch zu erscheinen, ihm starke Beschränkungen auferlegt« (S. 2). Ein ähnliches Phänomen in der römischen Gesellschaft war die beständige Spannung zwischen der Notwendigkeit, den Brauch der Väter (den *mos maiorum*) zu respektieren, und der Notwendigkeit, ihn zu missachten, manchmal um den Preis beträchtlicher rhetorischer und begrifflicher Verrenkungen (Maurizio Bettini, »Mos, mores e mos maiorum. L'invenzione dei ›buoni costumi‹ nella cultura romana«, in Bettini, *Le orecchie di Hermes*, Turin 2000, S. 241–292).

2 Marco Aime, *Verdi tribù del Nord. La Lega vista da un antropologo*, Rom und Bari 2012, bes. S. 23ff.

3 Wie z.B. die Gründung Roms durch den Trojaner Aeneas sowie Romulus und Remus als dessen Nachfahren; vgl. Florence Dupont, *Rom – Stadt ohne Ursprung. Gründungsmythos und römische Identität*, übers. von Clemens Klünemann, Darmstadt 2013 (bes. Kapitel 1, »Wer die Anfänge Roms sucht, findet griechische Geschichten«, S. 27–59).

4 Marcel Detienne, *Les Grecs et nous. Anthropologie comparée de*

*la Grèce ancienne*, Paris 2005, S. 66f. (mit Verweis auf Alban Bensa, *Vers Kanaky, tradition orale et idéologie nationaliste en Nouvelle-Calidonie*, in Jocelyne Fernandez-Vest (Hg.), *Kalevala et traditions orales du monde*, Paris 1987, S. 423–438.

KAPITEL 6

1 Maurice Halbwachs, *Das Gedächtnis und seine sozialen Bedingungen*, übers. von Luth Geldsetzer, Berlin und Neuwied 1966; Halbwachs, *Das kollektive Gedächtnis*, übers. von Holde Lhoest-Offermann, Frankfurt/Main 1985; zur Theorie des Gedächtnisses bei Halbwachs siehe Jan Assmann, *Das kulturelle Gedächtnis. Schrift, Erinnerung und politische Identität in frühen Hochkulturen*, München 1992, S. 35–48; vgl. auch Peter Burke, »Geschichte als soziales Gedächtnis«, in Aleida Assmann und Dietrich Harth (Hg.), *Mnemosyne. Formen und Funktionen der kulturellen Erinnerung*, Frankfurt/Main 1991, S. 289–304.

2 Halbwachs, *Das kollektive Gedächtnis*, S. 72f.

3 Vgl. Burke, »Geschichte als soziales Gedächtnis«, S. 291.

4 Halbwachs, *Das Gedächtnis und seine sozialen Bedingungen*, S. 382.

5 Maurice Halbwachs, *La topographie légendaire des évangiles en Terre Sainte* (1941), Paris 1971, S. 123; dt. unter dem Titel *Stätten der Verkündigung im Heiligen Land. Eine Studie zum kollektiven Gedächtnis*, hg. und übers. von Stephan Egger, Konstanz 2003.

6 Jan Assmann, *Das kulturelle Gedächtnis*, S. 47.

7 Vgl. Burke, »Geschichte als soziales Gedächtnis«, S. 297.
8 Peter Burke, *Varieties of Cultural History*, Ithaca, N.Y. 1997, S. 54.

KAPITEL 7

1 Vergil, *Aeneis*, 12, 820–828: »Pro Latio obtestor, pro maiestate tuorum: / cum iam conubiis pacem felicibus (esto) / component, cum iam leges et foedera iungent, / ne uetus indigenas nomen mutare Latinos / neu Troas fieri iubeas Teucrosque uocari / aut uocem mutare uiros aut uertere uestem. / Sit Latium, sint Albani per saecula reges, / sit Romana potens Itala uirtute propago: / occidit, occideritque sinas cum nomine Troia«; hier zitiert nach Publius Vergilius Maro, *Aeneis*, hg. und übers. von Edith und Gerhard Binder, Stuttgart 2008, S. 683. Vgl. Maurizio Bettini, »Un'identità ›troppo compiuta‹. Filiazione, stirpe e razza nell' ›Eneide‹ di Virgilio«, in Bettini, *Affari di famiglia. La parentela nella letteratura e nella cultura antica*, Bologna 2008, S. 273ff.; vgl. auch Florence Dupont, *Rom – Stadt ohne Ursprung*, S. 168–171.

2 Vergil, *Aeneis*, 12, 829–840: »Olli subridens hominum rerumque repertor:›es germana Iouis Saturnique altera proles, / irarum tantos uoluis sub pectore fluctus. / Verum age et inceptum frustra summitte furorem: / do quod uis, et me uictusque uolensque remitto. / Sermonem Ausonii patrium moresque tenebunt, / utque est nomen erit; commixti corpore tantum / subsident Teucri. Morem ritusque sacrorum / adiciam faciam-

que omnis uno ore Latinos. / Hinc genus Ausonio mixtum quod sanguine surget, / supra homines, supra ire deos pietate uidebis, / nec gens ulla tuos aeque celebrabit honores«*«; hier mit geringfügigen Abweichungen in der deutschen Übersetzung zitiert nach Publius Vergilius Maro, *Aeneis*, hg. und übers. von Edith und Gerhard Binder, Stuttgart 2008, S. 683.

3 Francesco Remotti, *Contro l'identità*, Rom und Bari 2007.

KAPITEL 8

1 Zum Palio von Siena und seiner historischen Entwicklung siehe William Heywood, *Palio and Ponte. An Account of the Sports of Central Italy from the Age of Dante to the XXth Century*, London 1904.

2 Vgl. Pier Angelo Carozzi, »L'ebraismo biblico come tradizione e civiltà«, in Patrizia Reinach Sabbadini (Hg.), *La cultura ebraica*, Turin 2000, S. 9–94, hier S. 92–94.

3 Das Phänomen des Neopaganismus lassen wir außer Acht; es ist zu disparat, um für unseren Zusammenhang bedeutsam zu sein.

KAPITEL 9

1 Im Folgenden stütze ich mich auf Ugo Fabietti, *L'identità etnica*, Rom 1982, S. 162ff.

KAPITEL 10

1 Marco Bartoli, *Pasquale Paoli. Corse des lumières*, Ajaccio 1999 (vgl. bes. das Vorwort von Gabriel Xavier Culioli, S. 8–41).

KAPITEL 12

1 Gespräch in *Le Figaro*, 13. August 2015.
2 Eugenio Montale, *La storia*, in *Satura*, Mailand 2009; hier zitiert nach Montale, *Satura/Diario. Aus den späten Zyklen*. Italienisch und Deutsch, übers. von Michael Marschall von Bieberstein, München und Zürich 1976, S. 58f.
3 Lucia Frattarelli Fischer und Paolo Castignoli, *Le »Livornine« del 1591 e del 1593*, Livorno 1987.
4 Salvatore Bono, *Schiavi. Una storia mediterranea (XVI–XIX secolo)*, Bologna 2016, S. 44.
5 Giangiacomo Panessa, *La Livorno delle Nazioni. I luoghi di preghiera*, Livorno 2006; Aldo Santini, *La cucina livornese*, Padua 1987.

KAPITEL 13

1 Fernando Pessoa, *O provincianismo Português*, Lissabon 2006, S. 7.
2 Zur Pluralität von »Familie« in den verschiedenen Kulturen siehe Francesco Remotti, *Contro natura*, Rom und Bari 2008.
3 Michel de Montaigne, *Essais*, übers. von Hans Stilett, München 2001, Erstes Buch, 37: »Über Cato den Jüngeren«, S. 353; siehe Kapitel 4 des vorliegenden Buches.
4 Alain Babadzan, »L'indigénisation de la modernité. La permanence culturelle selon Marshall Sahlins«, in *L'Homme* 190, 2009, S. 105–128.

KAPITEL 14

1 Karl Otfried Müller, *Geschichten hellenischer Stämme und Städte. Dritter Band: Die Dorier, Zweite Abtheilung*, Breslau 1824, S. 405.

2 Elizabeth Rawson, *The Spartan Tradition in European Thought*, Oxford 1991, S. 319 und 338–343.

3 Karl Otfried Müller, *Prolegomena zu einer wissenschaftlichen Mythologie,* Göttingen 1825, S. 221.

KAPITEL 15

1 Interview mit Senator Gaetano Quagliariello in *La Repubblica*, 21. Juni 2015, S. 2.

2 Michel de Montaigne, *Tagebuch der Reise nach Italien über die Schweiz und Deutschland von 1580 bis 1581*, übers. von Hans Stilett, Frankfurt/Main 2002, S. 207.

3 Giuseppe Marcocci, »Matrimoni omosessuali nella Roma del tardo cinquecento«, in *Quaderni storici* 133, 2010, S. 107–137.

4 »Cronaca senese conosciuta sotto il nome di Paolo di Tommaso Montauri«, in *Cronache senesi*, hg. von Alessandro Lisini und Fabio Iacometti, *Rerum Italicarum Scriptores*, 2. Auflage, Bd. XV, Teil VI, Bologna 1931–1939, S. 761; vgl. Gabriella Piccinni, »La strada come affare«, in Gabriella Piccinni und Lucia Travaini, *Il libro del Pellegrino (Siena 1382–1446)*, Neapel 2003, S. 44.

5 S. Bernardino da Siena, *Prediche volgari sul Campo di Siena*, hg. von Carlo Delcorno, Mailand 1989, Bd. 2, Predigt XXXV, Vers 63,

S. 1006f.; Oscar Di Simplicio, *Autunno della stregoneria*, Bologna 2004, S. 13f.

## KAPITEL 16

1 Vgl. *La Repubblica*, 14. Juli 2015.
2 Vgl. neben den Standardwerken von Moses I. Finley, Pierre Vidal-Naquet und Nicole Loraux auch Maurizio Giangiulio, *Democrazie greche*, Rom 2015, bes. S. 13–31.
3 Herodot, *Historien*, 6, 43; in 3, 89 wird berichtet, der Perser Otanes habe die Volksherrschaft befürwortet, da sie Gleichberechtigung (*isonomía*) schaffe, für ihr Handeln Rechenschaft ablege und ihre Beschlüsse veröffentliche; deshalb sollten auch die Perser die Monarchie abschaffen und die Herrschaft des *pléthos*, d.h. die Demokratie, einführen.
4 Odile Redon, »Parole, témoignage, décision dans les assemblées communales en Toscane méridionale aux XII–XIII siècles«, in Marcel Detienne (Hg.), *Qui veut prendre la parole?*, Paris 2003, S. 243–258.
5 Iaroslav Lebedynsky, »Les Cosaques, rites et métamorphoses d'une ›démocratie guerrière‹«, in Detienne (Hg.), *Qui veut prendre la parole?*, S. 147–170.
6 Marc Abélès, »Revenir chez les Ochollo«, in Detienne (Hg.), *Qui veut prendre la parole?*, S. 393–414, hier S. 393.
7 Marcel Detienne, »Retourner sur le comparatisme et arrêter sur les comparés«, in Detienne (Hg.), *Qui veut prendre la parole?*, S. 415–428, hier S. 418.

8 Alexis de Tocqueville, »Lettre inédite du 30 juillet 1854 à Pierre Freslon« (Archive Tocqueville), in Tocqueville, Œuvres, Bd. I, Paris 1991, S. 1230.

KAPITEL 17

1 Marcello Veneziani, *Il Giornale*, 30. Januar 2012.
2 Marco Aime, *Verdi tribù del Nord. La Lega vista da un antropologo*, Rom und Bari 2012, S. 141ff.; *Corriere della Sera*, Cronaca di Brescia, 27. November 2014; darüber wurde in vielen Tageszeitungen berichtet.
3 Massimo Montanari, *Gusti del Medioevo. I prodotti, la cucina, la tavola*, Rom und Bari 2012, S. 100–123.
4 Charles C. Mann, *1491. New Revelations on the Americas before Columbus*, New York 2005, S. 215f.
5 Fabrizio Cortesi, »Fagiolo«, in *Enciclopedia Italiana*.
6 Ariel Toaff, *Mangiare alla giudìa. Cucine ebraiche dal Rinascimento all'età moderna*, Bologna 2011, S. 19; Pellegrino Artusi, *La scienza in cucina e l'arte di mangiar bene*, Florenz 1891, S. 178.
7 Michael Pollan, *Die Botanik der Begierde. Vier Pflanzen betrachten die* Welt, übers. von Christiane Buchner und Martina Tichy, München 2002, S. 29–55.
8 Mike Stead und Sean Rorison, *Angola* (Bradt Travel Guide), New York 2010, S. 81–83.
9 Aurelio Buarque de Holanda Ferreira, *Novo Dicionário da Língua Portuguesa*, Rio de Janeiro 1986, S. 122; *Grande Dicionário*

*Houaiss da Língua Portuguesa*, hg. von Antônio Houaiss, M. de Salles Villar und F. M. de Mello Franco; Instituto Antônio Houaiss de Lexicografia, Banco de Dados da Língua Portuguesa, Lissabon 2003; vgl. die Stichwörter *funje* und *angu*.

10 Alessandro Manzoni, *Die Brautleute*, übers. von Burkhart Kroeber, München 2010, Kapitel 6, S. 129.

11 Seneca, *Briefe an Lucilius*, 45, 10.

12 Plinius, *Naturgeschichte*, 18, 72 und 83. Das lateinische *puls* und *polenta* und das griechische *póltos* sind miteinander verwandt und bezeichnen einen Brei aus Mehl (*pollen* auf Lateinisch); vgl. Jacques André, *L'alimentation et la cuisine à Rome*, Paris 1981, S. 59–62.

13 Plautus, *Poenulus*, 54.

KAPITEL 18

1 Manuel Gogos, »Das Feuer hinter den Bildern. Die deutsch-griechischen Beziehungen. Zur Einführung«, *Bundeszentrale für politische Bildung*, 15. Januar 2014; J. W. von Goethe, *Faust*, Zweiter Teil, 3. Akt.

2 Wilhelm von Humboldt, »Geschichte des Verfalls und Unterganges der griechischen Freistaaten«, in *Gesammelte Schriften*, hg. von Albert Leitzmann, Bd. III, Berlin 1904, S. 188.

3 Vgl. dazu Hans Eideneier, »Die Griechen waren niemals, was die Deutschen von ihnen dachten«, *Bundeszentrale für politische Bildung*, Dossier: Deutsch-griechische Beziehungen, 2015.

4 Spiegel online, 30. Januar 2015.

KAPITEL 19

1 Vgl. Kapitel 4.
2 Die griechische Verfassung wurde 1975 »im Namen der Heiligen, Wesensgleichen und Unteilbaren Dreifaltigkeit« proklamiert. Die aus dem Jahr 1937 stammende Verfassung der Republik Irland beginnt mit den Worten: »Im Namen der Allerheiligsten Dreifaltigkeit, von der alle Autorität kommt und auf die, als unserem letzten Ziel, alle Handlungen sowohl der Menschen wie der Staaten ausgerichtet sein müssen, anerkennen wir, das Volk von Irland, in Demut alle unsere Verpflichtungen gegenüber unserem göttlichen Herrn, Jesus Christus, der unseren Vätern durch Jahrhunderte der Heimsuchung hindurch beigestanden hat [...], und nehmen [...] diese Verfassung an.« Und in der slowakischen Verfassung von 1992 heißt es: »Wir, das slowakische Volk, beschließen [...] im Sinne des geistigen Erbes von Kyrillios und Methodios [...] durch unsere Vertreter diese Verfassung.« Zu einer detaillierten Untersuchung der Präambeln von Verfassungen weltweit im Hinblick auf den Verweis auf Gott oder eine bestimmte Religion vgl. Silvio Ferrari, *Dio, religione, costituzione*, Osservatorio delle libertà e delle istituzioni religiose (Olir), 2004, www.olir.it.
3 Die vollständige deutsche Übersetzung der ungarischen Verfassung findet man im Internet unter www.verfassungen.eu/hu/.
4 Wie Roberto de Mattei schrieb, »ist Ungarn heute das einzige Land, in dem die Krone eines christlichen Königs – des heiligen Stephan – im Parlamentsgebäude aufbewahrt wird. Ste-

phan wird auch in der ungarischen Verfassung erwähnt, um daran zu erinnern, dass die Souveränität Ungarns, aber auch die Souveränität aller anderen Nationen nicht im Volk, sondern in der Tradition und in einer transzendenten [sic] Autorität grundgelegt ist«: siehe unter https://www.radicicristiane.it/2011/06/editoriali/lungheria-cristiana-speranza-per-una-nuova-europa/.

5 Viktor Órban, »Wer überrannt wird, kann niemanden aufnehmen«, *Frankfurter Allgemeine Zeitung*, 3. September 2015, S. 10.

6 Ergänzend zum »Family day« und den vermeintlichen »kulturellen Wurzeln«, die bei der Regelung gleichgeschlechtlicher Lebenspartnerschaften einen »Sonderfall Italien« rechtfertigen sollen, sei gesagt, dass das ungarische Parlament am 11. März 2013 einige von Ministerpräsident Viktor Orbán und seiner regierenden Fidesz-Partei vorgeschlagene Verfassungsänderungen gebilligt hat. Hierzu zählt der Passus: Unverheiratete, kinderlose oder gleichgeschlechtliche Paare werden rechtlich nicht als Familie anerkannt; ihnen stehen daher auch nicht dieselben Rechte und Vergünstigungen zu wie heterosexuellen verheirateten Paaren mit Kindern. Es lässt sich nicht bestreiten, dass Ungarns Interpretation seiner »christlichen Wurzeln« eine gewisse Kohärenz aufweist.

ANHANG

1 UAAR Padova – Statuto del Veneto.
2 *Il Messaggero*, 20. Juni 2015.

Die Übersetzung dieses Buches wurde mit Unterstützung des Segretariato Europeo per le Pubblicazioni Scientifiche erstellt.

Via Val d'Aposa 7 • 40123 Bologna - Italy
seps@seps.it | www.seps.it

© der deutschen Ausgabe: Verlag Antje Kunstmann GmbH, München 2018
© der Originalausgabe: Società editrice il Mulino, Bologna 2016
Titel der Originalausgabe: *Radici. Tradizione, identità, memoria*
Der erste Teil dieses Buches basiert auf dem Essay *Contro le radici* (»Gegen die Wurzeln«), der 2012 gleichfalls im Verlag Il Mulino erschienen ist; der zweite Teil mit dem Titel »Neue Fragen zu den Wurzeln« ist neu hinzugekommen.

Umschlaggestaltung: Heidi Sorg und Christof Leistl
Typografie und Satz: frese-werkstatt.de
Druck und Bindung: CPI – Clausen und Bosse, Leck
ISBN 978-3-95614-235-2